Danz

Das Kochbuch für Frauen ab 40

Gewicht halten, den Körper stärken und vitalisieren

Die Autorin

Gesundheit und Ernährung – um diese Themen drehen sich schon seit vielen Jahren das Arbeitsgebiet, aber auch die persönlichen Interessen der Ernährungswissenschaftlerin Dr. Antonie Danz. Von West nach Ost – so hat sich auch ihr Ansatz in der Ernährungsberatung entwickelt – ganzheitliche östliche Ernährungsphilosophien haben bei ihr zunehmend das starre Vorgehen der westlichen Ansätze ersetzt. Mit erstaunlichen Erfolgen, die sie in der Ernährungsberatung in einer Kölner frauenärztlichen Praxis täglich erlebt. Allein der morgendliche warme Getreidebrei bewirkt bei vielen Frauen in der Lebensmitte erstaunliche kleine Wunder …

Danksagung

Für die wertvollen Anregungen zu den Rezepten danke ich von Herzen Rita Inzenhofer, Iris Kiefer, Ralf Luthardt, Maria Nagy, Ulrike Roosen, Sonja William und Sonja Zorn.

Mein besonderer Dank gilt Viola Gabor für die konstruktiven Anmerkungen zum Manuskript und die motivierende Unterstützung während der Entstehung des Buches.

Uta Spieldiener von TRIAS danke ich für die gute und freundliche Zusammenarbeit und Anja Fleischhauer für die achtsame redaktionelle Bearbeitung des Manuskriptes.

Dr. Antonie Danz

Das Kochbuch für Frauen ab 40

Gewicht halten, den Körper stärken und vitalisieren

TRIAS

7 Amuse-Bouche ...

9 Alles wird schwerer?

10 Aus der Balance geraten
11 Rhythmus ist gut für die Figur
13 Zeit nehmen zum Essen und Kochen
14 Atmosphäre beim Kochen und Essen
17 Übung: Anker und deren Wirkung

18 Grundlagen der Traditionellen Chinesischen Medizin
19 Yin und Yang
20 Kerzenmodell – der Mensch als Lebenslicht
21 Das Kochtopfmodell

25 Wie Sie Ihr Nährungssystem stärken

30 Wie Sie vitalisierende und harmonisierende Speisen zubereiten

31 Getreide – vergessene Nahrungsbasis

36 Hülsenfrüchte – klein, aber mit großer Kraft

39 Rezepte, die guttun

40 Wie Sie die Rezepte effektiv nutzen

42 Frühstücksvariationen

48 Suppen und Salate

64 Bunte Gemüse- und Kartoffelgerichte

78 Leckere Getreide- und Nudelgerichte

96 Feine Hülsenfruchtgerichte

104 Kleine Fleisch-, Fisch- und Geflügelgerichte

112 Nachspeisen, Kuchen und Gebäck

126 Rezept- und Zutatenverzeichnis

128 Stichwortverzeichnis

129 Impressum

Amuse-Bouche …

Als der TRIAS Verlag bei mir anfragte, ob ich Interesse hätte, ein Kochbuch zu meinem Ratgeber **Alles wird schwerer – Ich nicht** zu schreiben, habe ich mit großer Freude zugestimmt. Wie ließe sich Ernährungswissen besser umsetzen und erleben, als beim Kochen und Essen! Umso mehr freue ich mich, dass Sie nun das fertige Kochbuch mit 110 Rezepten für eine genussvolle und vitalisierende Ernährung, ganz im Sinne von »Alles wird schwerer – Ich nicht!« in den Händen halten können.

Hierbei finden auch die Leserinnen und Leser, die bereits den Ratgeber gelesen haben, neben den Rezepten, viele ergänzende Aspekte und neue Anregungen.

Anfangs habe ich ein rein vegetarisches Kochbuch konzipiert, da eine zentrale Empfehlung des Buches ist, eine vorwiegend pflanzliche Kost zu essen und in der Praxis häufig nach Anregungen für vegetarische Gerichte gefragt wird. Dann habe ich mich jedoch der Überzeugung des Verlags angeschlossen, mit einem umfassenderen Kochbuch mehr Leserinnen und Leser anzusprechen. Ein bedachtes Maß des Fleischkonsums halte ich dennoch für wichtig, nicht nur aus gesundheitlichen Gründen. Mit unserem achtsamen Kaufverhalten, ob pflanzliches oder tierisches Produkt, können wir alle einen wichtigen ökologischen und nachhaltigen Beitrag leisten. Ein wünschenswerter Effekt für uns und unseren Planeten!

Ihnen wünsche ich nun beim Lesen und Kochen viel Freude und köstliche Geschmackserlebnisse.

Antonie Danz,
Köln im Juni 2012

Alles wird schwerer?

Abgeschlagenheit, obwohl Sie genug schlafen; Kraftlosigkeit, obwohl Sie sich gut ernähren; der Kampf mit den Pfunden, obwohl Sie nicht mehr essen als früher. Jenseits der 40 geht es vielen Frauen ähnlich. Erfahren Sie, warum Ihr Körper und Ihre Bedürfnisse sich verändern.

Aus der Balance geraten

In meiner Beratungspraxis erlebe ich immer wieder Frauen um die 40, die frustriert sind, weil sie zunehmen, obwohl sie nicht mehr essen als früher, oder nicht abnehmen, obwohl sie sich Tag für Tag kasteien. Sie haben das Gefühl, aus der Balance geraten zu sein.

Die Gründe, warum Frauen ab 40 zu mir in die Beratungspraxis kommen, sind meist eine Unzufriedenheit mit dem Körpergewicht, Probleme mit mangelnder Vitalität und ein Gefühl, aus der Balance zu geraten, ruhelos, nervös oder angespannt zu sein. Insbesondere in den Wechseljahren klagen sie über den Anstieg ihres Körpergewichts, obwohl sie nicht mehr und auch nicht anders essen als zuvor. Was früher half, nämlich kalorienarm und fettarm zu essen, bleibt ohne Erfolg. Zudem spüren viele Frauen, dass ihnen einige Nahrungsmittel und Zubereitungsweisen, die sie in jüngeren Jahren gut vertragen haben, mit zunehmendem Alter Probleme bereiten. Das abendliche Käsebrot und der Rohkostsalat liegen schwer im Magen, nach einer Tasse Milchkaffee grummelt häufig der Bauch, und auch Alkohol und scharfes Essen werden nicht mehr wirklich gut vertragen – ganz zu schweigen von dem Völlegefühl und der Müdigkeit nach einem üppigen Essen.

Viele Frauen in diesem Alter sind daher auf der Suche nach einer neuen Ernährungsweise, die ihnen gut tut. Und so nimmt die Suche nach alternativen Ernährungsformen zu. Das große Interesse an östlichen Erfahrungslehren wie die der Traditionellen Chinesischen Medizin (TCM) und der Ayurveda liegt hierbei auch an deren ganzheitlicher Betrachtungsweise von Ernährung und Gesundheit. Nahrungsmittel sind mehr als nur eine Ansammlung von Nährstoffen und das wird zunehmend mehr Menschen wieder bewusst.

Als ich vor vielen Jahren begann, mich mit der chinesischen Medizin zu beschäftigen, haben mich insbesondere deren philosophische Gedanken und ganzheitliche Konzepte sowie die einfach nachzuempfindende Wirksamkeit ihrer Empfehlungen begeistert. Das Wissen und die Denkmodelle, die mit der TCM vermittelt werden, sind für unser westlich geprägtes Denken zwar nicht immer leicht zu verstehen, doch lassen sie sich im Rahmen der eigenen

Erfahrung, im Praktizieren, sehr einfach und unmittelbar erleben. In dem vorliegenden Kochbuch wird zudem für ein leichteres Verständnis der theoretischen Inhalte der Ernährungslehre der TCM nicht näher auf die Fünf-Elemente-Lehre und komplexe Grundlagen eingegangen. Vielmehr bekommen Sie hier das notwendige Wissen und Verständnis anhand einfach verständlicher Modelle, die Ihnen die Ernährung nach der Traditionellen Chinesischen Medizin näher bringen. Einfache Ernährungsleitlinien helfen Ihnen, dieses Wissen gut und flexibel in Ihren Alltag zu übertragen, für mehr Wohlbefinden, Vitalität und Balance!

WISSEN

Warmer Getreidebrei zum Frühstück

Nicht wenige Frauen in der Beratung bekommen einen leicht gestressten Blick, wenn sie die Empfehlung hören, mehr gekochte Nahrung zu essen. Im ersten Moment sehen sie häufig nur die zusätzliche Arbeit. Doch nicht nur der vermeintliche Zeitaufwand, den sie aufbringen sollen, kann Frauen in Sorge versetzen. Ihre jahrelang gepflegten Gewohnheiten werden infrage gestellt. Morgens soll es öfter einen Getreidebrei geben, abends öfter eine wärmende Suppe oder ein Gemüse-Getreide-Gericht. Gewöhnlich sind diese beiden Mahlzeiten, Frühstück und Abendbrot, Brotmahlzeiten.

Doch der positive Effekt auf das Gewicht und das gesteigerte Wohlbefinden überzeugt die meisten: Spätestens nach einer Woche mit gekochtem, warmem Frühstücksbrei oder dem Weglassen von Salat, Rohkost und Käsebrot am Abend überwiegen die positiven Erfahrungen den anfangs empfundenen Mehraufwand. Wenn sich dann noch etwas Routine eingestellt hat, wird das häufigere Kochen meist nicht mehr als zeitliche Belastung empfunden. Das Wissen um die nährende und auch entspannende Wirkung, die Kochen haben kann, stellt sich mit der Zeit einfach von selbst ein!

Rhythmus ist gut für die Figur

Wer oder was bestimmt Ihre alltäglichen Essenszeiten? Hat sich der Rhythmus im Laufe der Jahre verändert und, wenn ja, wodurch? Zunehmend mehr Menschen lassen die Zeit, zu der sie essen, nicht von ihrem Hungergefühl bestimmen, sondern davon, ob sie Zeit zum Essen haben oder nicht. Dabei ist das Hungergefühl eine Art Signalgeber, der dem Organismus bekundet, für die Nahrungsaufnahme und die anschließende Verstoffwechselung bereit zu sein. Hunger ist zudem ein wichtiges Zeichen zur Erhaltung unserer Funktionsfähigkeit.

Sie kennen das sicherlich: Wenn bei der Arbeit Termine oder Besprechungen anstehen, isst man schnell etwas zwischendurch, wenn gerade Luft ist – oft wird nebenher weitergearbeitet. Durch die zunehmende Entstrukturierung des Tagesablaufs verschieben sich die Zeiten der Essensaufnahme, weg von einem natürlichen Hunger-Sättigungs-Rhythmus, hin zu einem Jetzt-habe-ich-Zeit-Muster. Doch damit tun wir uns auf mehreren Ebenen nichts Gutes. Zum einen verlernt unser Körper, diesen natürlichen Signalgeber wahrzunehmen, und so verpassen wir die Tageszeit, in der die Nahrung optimal verdaut werden kann. Zum anderen nehmen wir den Zeitpunkt, zu dem wir eine Auszeit brauchen würden und Ruhe für die Nahrungsaufnahme wichtig wäre, nicht wahr.

Berauben wir uns mit diesem neuzeitlichen Essensmuster nicht natürlicher, vitaler Rhythmen für etwas, von dem wir glauben, es wäre effizienter und produktiver? Sich ausreichend Zeit für eine ruhige Mahlzeit zu nehmen, und zwar dann, wenn wir Hunger haben, ist zudem gut für die Figur. So belegen wissenschaftliche Studien, dass sich langsames Essen, mit ausreichend Zeit und Ruhe, positiv auf das Körpergewicht auswirkt. Schnellesser sind weit häufiger übergewichtig als langsame Esser.

WISSEN

Kochen nährt und entspannt uns

Für eine gelungene Koch-Zeit und Mahl-Zeit, die sich positiv auf unser Befinden, unsere Vitalität und unser Gewicht auswirken, ist nicht nur wichtig, was wir kochen und essen. Wie wir die Nahrung zubereiten und wie wir essen, welchen zeitlichen Vorgaben und Rhythmen wir dabei folgen, wie viel Achtsamkeit wir dafür verwenden, und welche Atmosphäre währenddessen herrscht, sind ebenso wichtig. Das gilt im Besonderen auch für das Körpergewicht, wie Sie im nachfolgenden Kapitel lesen können. Dort finden Sie auch hilfreiche Achtsamkeitsübungen, für ein entspanntes und sinnenreiches Kochen und Essen.

Morgens und mittags verdauen wir am besten

Über lange Zeit hinweg galt für die Nahrungsaufnahme der Morgens-mittags-abends-Rhythmus, der auch unserem natürlichen Hunger-Sättigungs-Gefühl entsprochen hat. Vermutlich erinnern auch Sie sich noch gut an diesen Ablauf oder leben sogar immer noch danach. Durch die häufig anzutreffende Verschiebung der Hauptmahlzeit vom Mittag in den meist späten Abend hinein, hat sich diese für unseren Organismus, unser Nährungssystem bewährte Struktur verändert. Durch die späte Abendmahlzeit bleibt der frühmorgendliche Hunger aus, das Frühstück verschiebt sich in den späten Vormittag oder fällt zugunsten der Figur – glaubt frau – ganz aus. Die Rechnung wird hier ohne die Wirtin gemacht, ohne das fein ausgeklügelte menschliche System, dessen Organe in ihrer Funktionsfähigkeit zeitlichen, endogenen Rhythmen folgen. Und diese Rhythmen folgen so gar nicht den selbst ernannten Jetzt-habe-ich-Zeit-Vorgaben. Die Organe, die vorrangig für die Umwandlung der Nahrung zuständig sind, arbeiten weiterhin morgens und mittags am besten und nicht abends. Das, was wir glauben effektiver machen zu können, indem wir unsere Hauptmahlzeit auf den wohlverdienten Feierabend legen, ist in Wirklichkeit nicht effektiv.

Abendliche Mahlzeiten setzen schneller an

So sind Kinder und Erwachsene, die regelmäßig frühstücken, leistungsfähiger und können sich besser konzentrieren. Darüber hinaus wirkt sich regelmäßiges Essen positiv auf das Gewicht aus. Wird viel und spät am Abend gegessen, ist das nicht nur schlecht für die Schlafqualität mit all seinen negativen Folgen für Vitalität und Leistungsfähigkeit, auch das Gewicht wird davon ungünstig beeinflusst. Abendliche Mahlzeiten setzen schneller an. Entgegen der üblichen Meinung vieler Frauen, die ihr Frühstück ausfallen lassen, um Kalorien zu sparen, wirkt sich ein regelmäßig eingenommenes Frühstück positiv auf die Gewichtsregulation aus. Alles gute Gründe, uns wieder auf den klassischen Mahlzeitenrhythmus einzustellen und die Sensibilität für unser Hunger-Sättigungs-Gefühl zu stärken. Für manche Frauen mag es sich durchaus auch bewähren, nur zwei Mahlzeiten pro Tag zu essen. Das gilt in der Praxis jedoch nur, wenn sie sich mit dieser Einteilung wohl und kraftvoll fühlen und nicht zwischendurch aufgrund von Hunger- oder Unterzuckerungsgefühlen zu Snacks greifen. Das wäre kontraproduktiv, wie im nächsten Kapitel noch näher erläutert wird.

Rhythmus sorgt für Gleichgewicht

Von Faktoren wie Gewicht, Vitalität und allgemeiner Leistungsfähigkeit einmal ganz abgesehen, geben uns Rhythmen, durch ihr verlässliches Wiederkehren, Sicherheit, Stabilität und Harmonie. Wir wissen und können uns darauf verlassen, nach dem Ausatmen folgt das Einatmen, nach der Nacht folgt der Tag, nach dem Winter folgt der Frühling. So können uns auch regelmäßig wiederkehrende Mahlzeiten auf körperlicher wie geistig-emotionaler Ebene stabilisieren und harmonisieren. Eine regelmäßige Nahrungsaufnahme muss für Sie also kein potenzieller Stressfaktor sein. Vielmehr kann es, freudvoll gelebt, eine wichtige Ressource für Gleichgewicht und Wohlbefinden schenken.

Zeit nehmen zum Essen und Kochen

Unsere innere Haltung zum Kochen und Essen ist oftmals von Überzeugungen geprägt, die nicht unbedingt förderlich für unser Wohlbefinden sind. So beklagen einige, die Zubereitung und das Essen würden häufig zu viel Zeit in Anspruch nehmen, dabei gäbe es so viel anderes und Wichtigeres im Alltag zu erledigen. Kochen und Essen dürfe also nicht zu zeitintensiv sein. Und so wird, was und wie gegessen wird, nicht selten von dem Faktor Zeit bestimmt. Doch helfen uns Convenience Food und das Essen nebenbei oder während der Arbeit wirklich, unseren Alltag angenehmer und wohliger zu gestalten?

Ruhig und gelassen werden

In einer Welt, die zunehmend von Konkurrenz, emotionalem und zeitlichem Druck geprägt ist und in der wir von Informationen überschüttet werden, ist es gut und sehr effizient, sich Zeiten einzurichten, in denen wir leer werden können. Die Zeit des Kochens ist eine solche, regelmäßig wiederkehrende Gelegenheit dafür. Während des Kochens können wir leer werden von den in uns kreisenden, uns belastenden Gedanken und Informationen des Alltags. Kochen kann eine Oase sein, in der wir uns in ein Meer von schönen Sinneseindrücken fallen lassen. Voraussetzung für diesen Zugang ist lediglich unsere Bereitschaft und bewusste Absicht, uns während des Kochens ganz auf das Kochen, die Farben, Formen, Gerüche und Geschmäcker zu konzentrieren.

Wie wir wissen, fließt die Energie des Kochs in das Essen mit ein. So tut uns das Leerwerden während des Kochens doppelt gut. Es lässt uns beim Kochen entspannt und gelassen sein und über die sinnliche Wahrnehmung der Nahrung in einen freudvollen Zustand kommen. Zudem bringt uns ein Gericht, das mit Gelassenheit und Freude zubereitet wurde, auch beim Essen genau in diese wohlige Stimmung.

ÜBUNG

Achtsame Sinneswahrnehmung beim Kochen

Wie Sie auf spielerische Weise lernen, mit allen Sinnen zu kochen und sich zu entspannen, zeigt Ihnen diese Übung.

- Wählen Sie für den ersten Übungstag einen Sinneskanal aus – Sehen, Hören, Fühlen, Riechen, Schmecken – auf den Sie sich beim Kochen konzentrieren möchten.
- Mithilfe der Fragen, die Sie in der Tabelle (S. 14) zu dem ausgewählten Sinneskanal finden, und der Antworten, die Sie sich während des Kochens in Gedanken dazu geben, bleibt Ihre Aufmerksamkeit beim Kochen und Ihre Wahrnehmung schärft sich.
- Führen Sie die Übung anfangs nur für 10 Min. durch, da Ihre Gedanken zu Beginn noch häufig abschweifen werden. Mit zunehmender Übung wird es Ihnen dann gelingen, mit Ihrer Aufmerksamkeit ganz beim Kochen zu bleiben und Ihre Sinneswahrnehmung weiter zu verstärken. Sie werden mit der Übung zudem herausfinden, bei welchem Sinneskanal Sie die stärkste Intensität verspüren und bei welchem Sie sich am besten entspannen können.
- Wählen Sie für den nächsten Übungstag dann einen anderen Sinneskanal aus, auf den Sie sich wiederum für 10 Min. konzentrieren. Auch hier stellen Sie sich in Gedanken die Fragen aus der Tabelle zu dem jeweiligen Sinneskanal und beantworten diese.
- In der gleichen Weise laufen dann die folgenden Übungstage mit den drei weiteren Sinneskanälen ab. Wenn Sie alle fünf Sinneskanäle durchlaufen haben, können Sie sich auch auf mehrere Sinneskanäle gleichzeitig konzentrieren.

Sinneskanal »schmecken«: Essen Sie nach dem Kochen, wenn möglich, von jedem Lebensmittel, das Sie zuvor in rohem Zustand probiert haben, ein kleines Stück gekocht und gehen Sie dabei die gleichen Fragen durch.

Auf welchem Sinneskanal haben Sie den stärksten Empfang? Auf welchem können Sie sich am besten entspannen?

Sinneskanal	dazugehörige Fragen
Sehen	Nehmen Sie die Farben der Lebensmittel, die Sie kochen, bewusst wahr. Welche Farben sind vorhanden? Wie hell oder dunkel, wie kräftig oder blass sind die Farben? Wie sieht die Farbkomposition aller verwendeten Lebensmittel in der Speise aus? Wie verändern sich die Farben während des Kochens?
Hören	Was hören Sie während der Zubereitung der Speise, welche Geräusche gibt es? Sind die Geräusche laut oder leise? Sind die Töne hoch oder tief? Ist die Klangfarbe weich oder hart? Ist das Tempo schnell oder langsam?
Fühlen	Wie fühlen sich die einzelnen Lebensmittel in Ihren Händen an? Wie ist die Temperatur: warm, kalt, neutral? Wie trocken oder feucht, hart oder weich, fein oder grob ist die Oberfläche, wie das Innere des Lebensmittels?
Riechen	Wie riechen die einzelnen Lebensmittel? Wie verändert sich der Geruch der Speise während des Kochens? Verändert sich die Intensität des Geruchs? Duftet das Lebensmittel stark oder eher schwach? Welche Qualität hat der Geruch: scharf, süß, rauchig? Sind die Gerüche angenehm?
Schmecken	Essen Sie jeweils ein kleines Stück der Lebensmittel, die Sie zum Kochen verwenden. Wie ausgeprägt ist der Geschmack? Wie schmeckt es: süß, scharf, salzig, bitter, sauer? Ist der Geschmack gut oder gibt es unangenehme Nuancen?

Atmosphäre beim Kochen und Essen

Nicht nur Ihre Energie als Köchin fließt bei der Zubereitung in das Essen ein, auch die Atmosphäre, die dabei herrscht, wirkt auf die Speise. Die Atmosphäre während des Kochens und Essens hat Einfluss auf die Energie der Nahrung und ihre Verdauung. Sie wirkt spürbar auf unser Befinden ein. Die innere Haltung zur Nahrung und zu uns selbst bestimmt dabei zu einem großen Teil die Atmosphäre, die wir während des Kochens und Essens herstellen.

Unsere innere Haltung zu Dingen, Menschen und letztlich zu uns selbst ist uns oft nicht bewusst. Wir können sie jedoch in unserer äußeren Haltung erkennen, denn die innere Haltung drückt sich in der äußeren aus. Das mag auf den ersten Blick etwas unverständlich klingen. Bei näherer Betrachtung werden diese Zusammenhänge jedoch schnell klar und spürbar. Wenn Sie beispielsweise eine wertschätzende und achtsame innere Haltung der Nahrung gegenüber haben, werden Sie mit großer Wahrscheinlichkeit eine ebensolche äußere Haltung beim Essen einnehmen. Sie werden in aufrechter Haltung am Tisch sitzen und in Ruhe und Konzentration auf die Speise essen. Da die äußere Haltung unmittelbaren Einfluss auf die Verdauung der Nahrung und folglich auf unser Befinden hat, ist es also umso wichtiger, uns der inneren Haltung während des Kochens und Essens bewusst zu sein (Übung S. 15).

Bewusste Konzentration auf das Essen

In der aufrechten Sitzhaltung und mit der bewussten Ausrichtung auf das Essen konzentriert sich unsere ganze Aufmerksamkeit zum einen auf die Nahrungsaufnahme. Zum anderen können wir die Nahrung auf diese Weise ausreichend beatmen. Die Lungen erhalten in dieser Haltung genügend Raum, um das Verdauungsfeuer, das im nächsten Kapitel noch näher beschrieben wird, über die Atmung gut anzuheizen (S. 21). Damit wird die Nahrung besser verstoffwechselt. In der gebeugten Haltung hingegen wird das Verdauungsfeuer nicht genügend angeheizt und die Nahrung wird nicht optimal umgewandelt. Das kann zu mangelnder Zufuhr an Energie, Müdigkeit, Unwohlsein bis hin zu Verdauungsbeschwerden wie Blähungen, Sodbrennen und Völlegefühl führen (S. 22). Noch deutlicher wird dieser Einfluss der äußeren und der inneren Haltung, wenn wir im Stehen oder Gehen essen. In dieser Haltung ist es schwer, gleichzeitig zu essen und ausreichend aus- und einzuatmen, geschweige denn, ganz auf die Nahrung konzentriert zu sein. Zudem herrscht beim Essen im Stehen oder Gehen meist eine hektische, unkonzentrierte Atmosphäre, die wir dann, zusammen mit dem Essen, in uns aufnehmen.

Eine, die Atmosphäre positiv beeinflussende innere und äußere Haltung während des Essens und bei der Zubereitung sind also wichtige Größen. Sie beeinflussen maßgeblich die Energie der Nahrung und folglich unser Befinden. Auf S. 17 finden Sie eine sehr effektive Übung, wie Sie auf einfache Weise eine gute Atmosphäre während des Kochens und Essens herstellen können.

ÜBUNG

Innere und äußere Haltung

Probieren Sie doch einfach Folgendes während einer Mahlzeit einmal aus:

- Setzen Sie sich in aufrechter Haltung und in Ruhe an den Esstisch.
- Spüren Sie den festen Kontakt, den Ihre Fußsohlen mit dem Boden haben.
- Nehmen Sie die Kraft und Stabilität, die Ihnen diese Haltung gibt, wahr.
- Jetzt konzentrieren Sie sich auf Ihre Atmung und atmen bewusst während des Essens in dieser aufrechten Haltung aus und ein, so lange, bis Sie in etwa die Hälfte der Speise gegessen haben.

Sie werden bemerken, wie einfach es Ihnen fällt, in dieser Haltung über den Bauch hinaus in Ihr Becken zu atmen und das ganze Becken zu beatmen. Bevor Sie weiteressen, nehmen Sie wahr, wie Sie sich nun fühlen. Achten Sie auf Ihre Stimmung und Ihr Körperempfinden und ob Sie sich wohl oder eher unwohl fühlen.

Wenn Sie nun den Rest Ihres Essens verspeisen,

- nehmen Sie dabei eine gekrümmte Haltung ein,
- verbinden Sie sich nicht bewusst über Ihre Fußsohlen mit dem Boden und
- achten Sie nicht auf Ihre Atmung.

Diese Haltung nehmen wir oft ein, wenn wir während der Arbeit am Schreibtisch, am PC oder vor dem Fernseher sitzen und essen. Wenn Sie zu Ende gegessen haben, nehmen Sie auch hier wieder bewusst wahr, wie es Ihnen geht, wie Sie sich körperlich fühlen und wie Ihr emotionales, geistiges Befinden ist. Sie werden spüren, wie viel wohler Sie sich während der ersten Hälfte des Essens gefühlt haben und dass Ihnen das Essen auch besser bekommt.

Anker und deren Wirkung wahrnehmen

Während des Essens sind wir besonders offen und empfänglich für alle Informationen, die auf uns einwirken. Das gilt also nicht nur für die Information der Nahrung selbst, die wir uns einverleiben. Auch die Informationen aus unserem unmittelbaren Umfeld während des Essens verleiben wir uns ein. Das können Gespräche am Tisch sein, Nachrichten aus dem Fernseher, dem Radio oder der Zeitung oder ein Geruch vom Nachbartisch. Mithilfe von bewusst eingesetzten Ankern können wir unseren Blick, unsere Aufmerksamkeit auf Informationen lenken, die mit einem guten Gefühlszustand verbunden sind und eine wohlige Atmosphäre fördern.

Anker sind Träger von Informationen, die bestimmte Gefühlszustände und Reaktionsmuster auslösen. Wir sehen, hören, riechen, schmecken oder fühlen etwas und reagieren entsprechend darauf. Wenn Ihr Lieblingsgericht vor Ihnen auf dem Tisch steht, dann ist dies ein Anker, der vermutlich ein wohliges Gefühl in Ihnen auslöst und Ihnen das Wasser im Munde zusammenlaufen lässt. Ein negativ besetzter Anker, wie ein Lebensmittel, dessen Verzehr Ihnen in der Vergangenheit Übelkeit oder gar Erbrechen beschert hat, aktiviert Unwohlsein, sobald Sie dieses Lebensmittel nur sehen oder riechen. Der Duft eines bestimmten Parfüms kann Sie an eine Person erinnern, die dieses Parfüm benutzt. Je nachdem, was Sie mit dieser Person verbinden, kommen Sie durch den Duft des Parfüms in einen angenehmen oder unangenehmen Gefühlszustand.

Mithilfe von Ankern, die angenehme Zustände in uns hervorrufen, können wir aus unangenehmen Gefühlen in eine andere, angenehme Stimmung gelangen. Beim Kochen, beim Essen und allen anderen Dingen, die wir tun. Die nachfolgende Übung hilft Ihnen, sich der Anker in Ihrem Umfeld und deren Wirkung auf Sie bewusst zu werden.

Übung: Anker und deren Wirkung

Welche Anker sorgen für eine angenehme, welche für eine unangenehme Atmosphäre?

Welche Gegenstände in Ihrer Wohnung lösen bei Betrachtung eine Stimmung aus, die eine unangenehme Atmosphäre schaffen und Sie möglicherweise zu einem unvorteilhaften Essverhalten verleiten? Finden Sie heraus, welche Anker in Ihrem Umfeld für eine angenehme Atmosphäre sorgen und welche nicht. Schreiben Sie alles auf, was Ihnen dazu in den Sinn kommt. Beispiele:

- Auf Ihrem Esstisch liegen Gegenstände wie Zeitungen, Briefe, einzelne Büroklammern usw. Bei der Zeitung denken Sie an die Umweltkatastrophe in Japan, über die auf der Titelseite berichtet wird. Der Brief enthält eine längst fällige Rechnung. Die Büroklammern erinnern Sie an die anstehende Steuererklärung. Alles sind negativ besetzte Anker, die Sie während des Essens in einen unangenehmen Gefühlszustand versetzen. Das Essen schmeckt so nicht wirklich und trägt auch nicht zu Ihrem Wohlsein bei. Umweltkatastrophe, Rechnung und Steuererklärung liegen Ihnen im wahrsten Sinne des Wortes im Magen.
- Ein Bild von einem üppig gedeckten Tisch, das in Ihrem Esszimmer hängt, verleitet Sie zu glauben, auch Ihr Tisch müsste immer üppig gedeckt sein, damit nichts fehlt. Mit einem Teller warmer Suppe können Sie sich neben einem solchen Bild recht verloren fühlen.
- Beim Verlassen Ihrer Wohnung nehmen Sie einen Geruch wahr, der Sie an Ihre Kindheit erinnert, beispielsweise der von frisch gebackenem Apfelkuchen. Möglicherweise überkommt Sie das Gefühl, sich sofort ein Stück Apfelkuchen besorgen zu müssen.

Halten Sie in einem solchen Moment kurz inne, nehmen Sie Ihre Gefühle wahr und betrachten Sie diese, zusammen mit den Gedanken, die damit einhergehen. Atmen Sie währenddessen ganz bewusst ein und aus. Sie können das wohlige Gefühl aus Ihrer Kindheit einfach genießen, auch ohne direkt zur Tat zu schreiten und ein Stück Kuchen zu essen. Das gute Gefühl wurde Ihnen ja bereits durch den Geruch, der als Anker wirkt, geschenkt.

Neue Anker auswerfen, alte einholen

Tragen Sie eine Liste mit all den Dingen aus Ihrem unmittelbaren Umfeld zusammen, die auf Sie als deutlicher Anker wirken. Schreiben Sie hinter den jeweiligen Anker, welches Gefühl er bei Ihnen auslöst und ob dieses für die Atmosphäre und Ihr Essverhalten förderlich ist oder nicht. Um die Betrachtungsweise nochmals deutlich zu machen: Der Geruch von frisch gebackenem Apfelkuchen kann durchaus ein förderlicher Anker sein. Er gibt Ihnen ein gutes Gefühl und Sie sind sich gewiss, was Sie gerne essen. Genießen Sie dieses schöne Gefühl. Wenn Sie sich hingegen mit einem Teller Suppe neben einem Bild von einem üppig gedeckten Tisch nicht wohl fühlen, dann sollten Sie diesen visuellen Anker durch einen anderen, ein anderes Bild, austauschen.

Blumen und Kerzen als positive Anker

Ein Bild sollte Ihnen, egal, was und wie Sie essen, ein wohliges, gutes Gefühl geben und eine angenehme Essensatmosphäre schaffen. Ebenso dürfen ruhig ein paar Gegenstände auf dem Esstisch liegen, die nicht unmittelbar zum Essen benötigt werden, aber Ihr Wohlbefinden während des Essens fördern und so als positive Anker wirken. Das kann ein schöner Blumenstrauß, eine Kerze oder Ähnliches sein. So können Sie mit allen Dingen – Gegenstände, Bilder, Fotos, Musik usw. – in Ihrem Wohn- und Arbeitsumfeld verfahren, die auf die Atmosphäre beim Kochen und Essen und Ihre Ernährungsweise Einfluss nehmen. Eliminieren Sie Anker, die für den Gefühlszustand, den Sie sich wünschen, unvorteilhaft sind. Installieren Sie stattdessen neue Anker (Bilder, Gegenstände usw.), die dafür von Vorteil sind.

Grundlagen der Traditionellen Chinesischen Medizin

Aus eigener Erfahrung wissen Sie bestimmt selbst sehr genau, was Ihnen gut tut und was nicht. Wir haben es jedoch meist verlernt, hierauf zu achten und unserer Wahrnehmung zu vertrauen. Eine Erfahrungslehre wie die Traditionelle Chinesische Medizin kann Ihnen dabei helfen, diese Fähigkeit wiederzuerlangen. Wie Sie dieses alte Erfahrungswissen anhand einfacher Modelle für Ihr Wohlbefinden nutzen können, erfahren Sie in diesem Kapitel.

Die Traditionelle Chinesische Medizin (TCM), die den Empfehlungen dieses Buches zugrunde liegt, ist eine jahrtausendealte Erfahrungslehre und eines der ganzheitlichsten Medizinsysteme der heutigen Zeit. Die TCM beruht auf einer Betrachtungsweise, nach der alles im Universum, so auch der Mensch und die Nahrung, Energie ist und alles miteinander verbunden ist. Energie ist hier nicht als kalorische Energie zu betrachten, sondern im Sinne von Lebensenergie, dem Ursprung allen Seins, zu verstehen. Der Begriff des Qi, der das dahinterstehende Grundprinzip beschreibt, hat im Deutschen kein entsprechendes Wort. Energie oder Lebensenergie ist daher nur eine begriffliche Annäherung daran, was unter Qi zu verstehen ist. So, wie alle Körperteile miteinander verbunden sind, so sind auch alle Nahrungsbestandteile in einem Nahrungsmittel miteinander verbunden und beeinflussen sich gegenseitig. So können beispielsweise die isolierten Vitamine, Ballast- und Mineralstoffe sowie sekundären Pflanzenstoffe eines Apfels niemals genauso wirken, als wenn man den Apfel als Ganzes isst.

Alles unterliegt den gleichen Gesetzmäßigkeiten und Mechanismen, ob es sich um ein Organ, ein Gefühl oder ein Nahrungsmittel handelt. Über Jahrtausende hinweg wurden diese Gesetzmäßigkeiten und Mechanismen in der Natur beobachtet und in Erfahrungslehren wie der TCM zusammengetragen. Anhand von Denkmodellen werden diese Zusammenhänge beschrieben. Mithilfe dieser Modelle können alle Phänomene des Lebens, so auch Beschwerden, Erkrankungen und Heilung erklärt werden. Aus eigener Erfahrung wissen Sie bestimmt selbst sehr genau, was Ihnen gut tut und was nicht, was Sie heilt oder krank macht. Wir haben es jedoch meist verlernt, hierauf zu achten und unserer Wahrnehmung zu vertrauen. Eine Erfahrungslehre wie die TCM kann dabei helfen, diese Fähigkeit wiederzuerlangen. Dazu benötigen Sie kein tiefergehendes Wissen. Für das Verständnis der diesem Kochbuch zugrunde liegenden Empfehlungen nutzen wir lediglich zwei sehr einfach zu verstehende Modelle, das Kerzenmodell und das Kochtopfmodell.

Yin und Yang

Im Folgenden sei dazu eines der wichtigsten Denkmodelle der TCM, Yin und Yang, betrachtet, um im Anschluss daran eine vereinfachte weiterführende Betrachtungsweise dieses Systems anhand des Kerzenmodells zu beschreiben. Auf das Fünf-Wandlungsphasen-Modell, auch Fünf-Elemente-Modell genannt, wird hier nicht näher eingegangen. Es ist für das Verständnis, wie aus Sicht der TCM Nahrung im Körper umgewandelt wird und welche Faktoren darauf Einfluss haben, nicht erforderlich. Dazu nutzen wir das Kochtopfmodell, das einen Teilaspekt des Fünf-Wandlungsphasen-Modells beschreibt. Das Yin-Yang-System beruht auf einem philosophischen Konzept, nach dem alle Phänomene im Universum auf polaren Gegensätzen beruhen, die als Yin und Yang bezeichnet werden. Dabei stehen die beiden Pole nicht in statischer Beziehung zueinander, sondern sind im ständigen Wechsel und gegenseitiger Abhängigkeit miteinander verbunden, wie Tag und Nacht oder hell und dunkel. Nichts ist in sich Yin oder Yang, sondern nur in Beziehung zum anderen mehr oder auch weniger Yin oder Yang. Das eine ist nicht in sich hell oder dunkel, sondern nur im Verhältnis zum anderen. Hinsichtlich der Ernährung können wir Yin als den substanzgebenden Teil betrachten. Er ist quasi Bau- und Brennstoff. Yang ist der bewegende, funktionale Anteil, der die Bildung und Erhaltung von Substanz in Gang setzt. Ein harmonisches Gleichgewicht zwischen Yin, Substanz und Yang, Funktion bedeutet vollkommene Gesundheit. Ziel aller vorbeugenden und therapeutischen Maßnahmen, auch im Bereich der Ernährung, ist daher, dieses Gleichgewicht zu erhalten, beziehungsweise wieder herzustellen. Anhand einer Metapher werden Ihnen diese Zusammenhänge nachfolgend verdeutlicht.

Kerzenmodell – der Mensch als Lebenslicht

Das Kerzenmodell erklärt die Bedeutung der Nahrung für vollkommene Gesundheit, für Wohlsein und Vitalität. Hierzu wird als Metapher das Bild einer Kerze verwendet. Danach bestehen wir aus Kerzenwachs, der formgebenden (Substanz) Größe und aus einer Flamme, der Wärme und Licht (Aktivität) schaffenden Größe. Der Kerzenkörper, mit dem wir geboren werden, ist unsere vorgeburtliche Lebensenergie, unsere ererbte, von den Eltern mitgegebene Substanz. Die Funktion einer Kerze ist es, Wärme und Licht zu schenken. Unsere Substanz wird also in Aktivität umgewandelt. Das ist Leben! Wie auch immer Ihr Leben im individuellen Fall aussehen mag, Ihre Aktivitäten verbrauchen Ihre Substanz. Ihr Kerzenwachs wird also mit der Zeit verbraucht, und das macht den Alterungsprozess aus. Im Gegensatz zu einer realen Kerze ist es für Sie möglich, verbrauchte Substanz wieder aufzufüllen, jedoch nur in einem gewissen Maß. Unsere Substanz ist natürlich irgendwann gänzlich aufgebraucht und wir sterben.

Die Nahrung beeinflusst Kerzenwachs und Flamme

Das Auffüllen unserer Substanz ist uns durch die Nahrung, Getränke und Atemluft möglich. In diesem Sinne sind wir wahrhaft das, was wir essen, trinken und atmen. Jeder Mensch hat eine ihm eigene Kerzenform. So gibt es kleine, große, dicke und dünne Kerzenkörper und kleine und große Flammen. Aus unserer materiell geprägten Betrachtungsweise neigen wir dazu, in Gut und Schlecht einzuteilen. Eine große Kerze als gut, eine Kleine als schlecht anzusehen. Doch Größe oder andere Maßeinheiten und Normen sind aus energetischer Sicht nicht der entscheidende Faktor für unser Wohlsein.

Bedeutsam ist die Wechselwirkung zwischen Substanz (Kerzenwachs) und Aktivität (Flamme) und ihre Ausgewogenheit. Beispiele aus der Praxis dazu finden Sie im Ratgeber **Alles wird schwerer – Ich nicht!** auf S. 25/26.

Auf dieses Gleichgewicht nehmen innere und äußere Faktoren Einfluss. Ihre Emotionen und Überzeugungen, die bestimmen, wie Sie sich und die Welt erleben, gehören zu den inneren Faktoren. Zu den äußeren gehören Ihre Ernäh-

rung, körperliche Aktivitäten und alle Umwelteinflüsse, denen Sie ausgesetzt sind. Die Effizienz der Umwandlung von Nahrung in Substanz (Kerzenwachs) lässt im Alter zwischen 35 und 40 Jahren nach. Daher ist es mit Beginn des mittleren Lebensalters wichtig, die Ernährung auf die veränderten Gegebenheiten abzustimmen. Mithilfe der Ernährungsleitlinien (S. 25) können Sie dies leicht umsetzen. Als weitere Verständnisgrundlage für diese Empfehlungen verwenden wir das Kochtopfmodell, das nachfolgend beschrieben wird.

Das Kochtopfmodell

Das Kochtopfmodell erklärt auf einfache Weise die Umwandlung von Nahrung in körpereigene Energie und es veranschaulicht, welche Faktoren darauf Einfluss nehmen. Mithilfe dieses Denkmodells sind die daraus abgeleiteten Ernährungsleitlinien gut nachzuvollziehen und leicht zu erinnern. Auf dieser Grundlage können Sie Auswahl und Zubereitung der Nahrung ganz auf Ihre individuelle Veranlagung und aktuellen Bedürfnisse abstimmen.

Wir können uns den Magen, in den alle aufgenommenen Lebensmittel und Getränke hineingelangen, als eine Art Kochtopf vorstellen. Unter dem Kochtopf befindet sich eine Feuerstelle, mit deren Hilfe die Lebensmittel und die Getränke sozusagen verkocht werden. Durch die Verkochung wird die Nahrungsenergie in körpereigene Energie umgewandelt. Diese Energie können wir uns als feinen Energiedampf vorstellen, der aus dem Kochtopf aufsteigt.

Über dem Kochtopf ist eine Art Abzugshaube, die den Dampf abzieht und damit nochmals umwandelt. Die an die Abzugshaube angeschlossenen Energieleitbahnen transportieren die Energie anschließend an die Orte des Verbrauchs: an die Augen zum Sehen, das Gehirn zum Denken, die Muskulatur zum Gehen usw. Dieses Zusammenspiel aus dem Kochtopf mit der Feuerstelle und der Abzugshaube mit den angeschlossenen Energieleitbahnen ist unser »Nährungssystem«.

Mit dieser Betrachtungsweise wird verständlich, warum es aus Sicht der TCM für die Arbeit, die das Verdauungssystem beziehungsweise Nährungssystem zu leisten hat, von Bedeutung ist, ob Nahrungsmittel in gekochter oder roher, in warmer oder kalter Form zugeführt werden. Das gilt ebenso für Getränke. Darüber hinaus hat jedes Lebensmittel und Getränk per se eine ihm eigene thermische Wirkung, unabhängig davon, ob es in rohem oder gekochtem Zustand ist. So können Lebensmittel eine kalte, kühle, neutrale, warme oder heiße Wirkung haben. In der klassischen Ernährungswissenschaft findet diese bedeutsame Eigenschaft von Lebensmitteln keine Berücksichtigung.

Vermutlich haben Sie schon einmal frischen Ingwer probiert und wissen dann aus eigener Erfahrung, dass ein Stück Ingwer heiß wirkt und es Ihnen warm wird. Ein Joghurt, auch wenn er Zimmertemperatur hat, werden Sie als eher kühlend empfinden. Pfefferminztee hat, auch wenn er warm getrunken wird, ebenfalls eine kühlende Wirkung. In Ländern Nordafrikas, in denen ein heißes Klima vorherrscht, wird dies als Erfrischung genutzt.

Verdauung als Trennung von Nötigem und Unnötigem

Werden die Speisen und Getränke optimal verkocht, bildet sich ein Energiedampf, der überwiegend klar ist. Dieser klare Energiedampf kann dann ohne große Mühe von der Abzugshaube abgezogen und an die Verbrauchsorte transportiert werden. Nach einer solchen Nahrungsaufnahme fühlen Sie sich gestärkt und wohl. Geringfügig angefallene trübe Bestandteile werden nach unten an den Dickdarm und die Blase weitergeleitet und von dort ausgeschieden. Daher wird in der TCM die Verdauung auch als die Trennung von Klarem und Trübem oder von Nötigem und Unnötigem bezeichnet.

Entsteht jedoch ein Energiedampf mit vielen trüben Bestandteilen, kann Trübes nur unzureichend vom Klaren getrennt und somit nicht mehr vollständig nach unten hin ausgeleitet werden. Die Abzugshaube hat dann Probleme, diesen Energiedampf abzuziehen, umzuwandeln und an die Orte

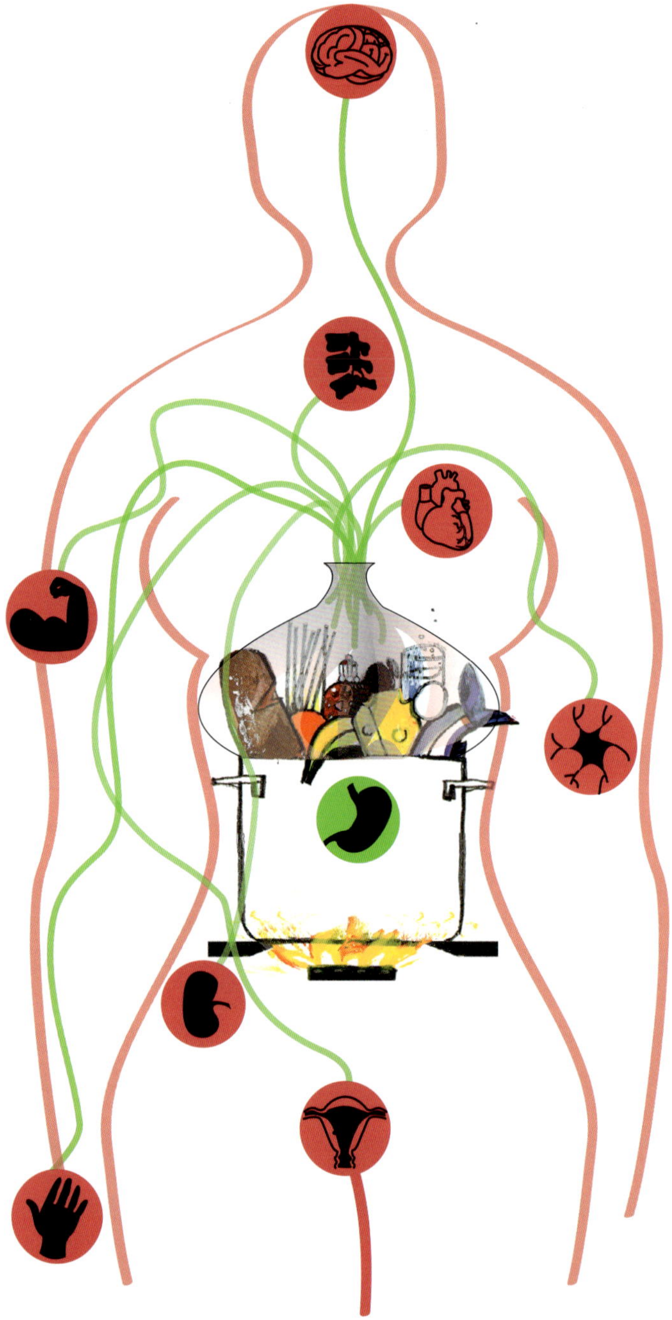

des Verbrauchs zirkulieren zu lassen. Diese Überforderung des Nährungssystems bringt Nachteile mit sich. Zum einen kommt uns nur ein Teil der in der Nahrung vorhandenen Energie zugute. Dies kann mit Zeichen von Energiemangel und Müdigkeit einhergehen. Diesen Zustand kennen Sie sicher als Folge von einem üppigen Mittagessen oder wenn Sie abends einen fettreichen Käseauflauf gegessen haben und am liebsten gleich danach ins Bett gehen würden. Ein deutliches Zeichen für eine Überlastung des Nährungssystems. Außerdem entstehen Ablagerungen der vermehrt gebildeten trüben Bestandteile, die in der TCM als Feuchtigkeit oder Nässe bezeichnet werden. Nässe kann sich in unterschiedlichen Formen zeigen, beispielsweise als

- Schweregefühl in Kopf, Armen oder Beinen
- Trägheit
- Appetitlosigkeit, Übelkeit
- Müdigkeit
- Gewichtszunahme
- Wassereinlagerungen
- Schwellungen und, in ihrer besonders manifesten Form, als Zysten, Myome und Krebs

Die erstgenannten Symptome verstärken sich gewöhnlich bei nass-feuchtem Wetter, wenn es also auch außerhalb des Körpers feucht beziehungsweise trübe ist.

◄ **Der Magen als Kochtopf.**

Grundveranlagung und Lebensstil

Wie gut Ihr Nährungssystem funktioniert, hängt zum einen von Ihrer Grundveranlagung ab. Unter Grundveranlagung ist hier das zu verstehen, was jeder von uns mit der Geburt mitbringt, quasi unsere Erbanlagen. So besitzen manche Menschen einen großen, andere einen mittleren oder einen kleinen Kochtopf. Ebenso gibt es auch bezüglich der Größe des Feuers unter dem Kochtopf und der Stärke der Abzugshaube unterschiedliche Veranlagungen. Weiterhin beeinflusst Ihr Lebensstil, ob die zugeführte Nahrung optimal umgewandelt wird und Ihnen ausreichend Energie und Wohlsein bringt oder ob Sie sich eher müde und unkonzentriert fühlen und unter Völlegefühl, Blähungen, Kälteempfindungen oder schwacher Abwehr leiden. Ihr Lebensstil, das ist die Pflege, die Sie Ihrem Nährungssystem zukommen lassen. Bei schlechter Pflege wird selbst ein Nährungssystem mit robuster Grundveranlagung auf lange Sicht nicht gut arbeiten. Ein weniger stark veranlagtes kann hingegen ausreichend Energie liefern, wenn es gut gepflegt und nicht dauerhaft überfordert wird.

Regelmäßige Pflege oder Überforderung?

Wenn Sie sich jetzt an dieser Stelle fragen, wie pfleglich Ihre eigene Ernährungsweise für Ihr Nährungssystem bislang war und derzeit ist, können Sie sich anhand der folgenden Fragen und der Tabelle darüber Klarheit verschaffen.

- Sorgen Sie immer für eine regelmäßige Nahrungszufuhr, mit der Sie sich wohl und ausreichend genährt fühlen, oder gehen Sie weniger pfleglich mit Ihrem Nährungssystem um?
- Schwächen Sie es durch Extreme, indem Sie beispielsweise das Frühstück oft ausfallen lassen, dafür aber abends ordentlich zulangen?
- Belasten Sie Ihr Nährungssystem mit einer Kost, die ihm augenscheinlich nicht bekommt – leiden Sie unter Müdigkeit und Völlegefühl nach dem Essen, Verdauungsbeschwerden und schneller Gewichtszunahme?

Eine solche Überbelastung tritt ein, wenn Sie beispielsweise zu viel, zu spät oder unregelmäßig, zu viel thermisch kalte oder zu wenig gekochte Nahrungsmittel essen. Lebensmittel können auch in einer Kombination zubereitet werden, die nur schlecht verträglich ist. Sie können Speisen zu schnell verzehren und diese zu wenig kauen. Und: Einseitige Diäten und Hungerkuren sind eine besonders große Belastung für das Nährungssystem.

Wenn Sie genauer wissen möchten, wie gut Ihr Nährungssystem funktioniert, dann finden Sie im Ratgeber **Alles wird schwerer – Ich nicht** auf S. 33 eine hilfreiche Tabelle dazu.

Sport, Entspannung und Medikamente

Neben der Ernährung können weitere Lebensstilfaktoren Ihr Nährungssystem in seiner Funktionsfähigkeit fördern

Faktoren, die das Nährungssystem beeinflussen

Was das Nährungssystem schwächt	Was das Nährungssystem stärkt
unregelmäßige und unausgewogene Nahrungszufuhr, insbesondere spät abends viel und morgens nichts zu essen	regelmäßige und ausgewogene Nahrungszufuhr
Bewegungsmangel	regelmäßige körperliche Aktivität
Stress, Angespanntheit	Maßnahmen, die uns Entspannung bringen
bestimmte Krankheiten	
bestimmte Medikamente	
Nahrungsergänzungsmittel	
emotionale Belastungen, insbesondere Sorgen und Grübeln	emotionale Ausgeglichenheit und fürsorgliches Verhalten
feuchtes Wohnumfeld	
ungewohnt feuchtes Klima	

und pflegen oder überfordern und schwächen. Regelmäßiger Sport fördert beispielsweise die Funktionsfähigkeit, indem er das Feuer unter dem Kochtopf anregt und damit die Verkochung verbessert. Sport unterstützt ebenso die Zirkulation des entstandenen Energiedampfes. Das erklärt, warum sich Sport positiv auf Körpergewicht und Befinden auswirkt. Wenn die Energie im Körper frei fließt, fühlen wir uns gut! Außer Sport wirken sich alle körperlichen wie geistigen Aktivitäten, die uns entspannen, sowie eine angenehme Essatmosphäre positiv auf das Nährungssystem aus.

Erkrankungen hingegen können dessen Funktionsfähigkeit einschränken. Ebenso Nahrungsergänzungsmittel und Medikamente, insbesondere Hormone, die das Nährungssystem überfordern und schwächen. Daher legen viele Frauen, die die Anti-Baby-Pille nehmen oder in der Postmenopause eine Hormontherapie durchführen, an Gewicht zu. Ein geschwächtes Nährungssystem bildet vermehrt Feuchtigkeit.

Nicht zuletzt sind zu viele und vor allem unnötige Informationen schwächend. Es ist daher in der heutigen, informationsüberfluteten Zeit nicht verwunderlich, dass es immer mehr Menschen mit einem geschwächten Nährungssystem und entsprechenden Erkrankungen gibt.

Das Lebensalter ist entscheidend

Mit zunehmendem Alter lässt die Funktionsfähigkeit des Nährungssystems nach. Das ist ein Faktor, der bei der Ernährungsweise ab dem mittleren Lebensalter besonders zu beachten ist. Wie bei vielen Dingen ist hierbei nicht das chronologische, sondern das biologische Alter maßgeblich. Das hängt wiederum von unserer Grundveranlagung und unserem bislang geführten Lebensstil ab. So gibt es Menschen, die selbst mit zunehmendem Alter große Nahrungsmengen essen können, ohne an Gewicht zuzunehmen oder über Verdauungsprobleme zu klagen. Andere hingegen haben das Gefühl, schon beim Vorbeigehen an einem Kuchenbüfett zuzunehmen und allein der Gedanke, eine Linsensuppe zu essen, verursacht ihnen Blähungen.

Sie werden sich vermutlich nicht der ersten Gruppe zugehörig fühlen, sondern sich irgendwo zwischen diesen beiden Extremen liegend einschätzen. Unabhängig davon, wie diese Einschätzung genau ausfallen mag, ist es gut, eine für Ihr Nährungssystem passende Ernährungsweise zu wählen. Ab dem mittleren Lebensalter ist das auch wegen der häufiger auftretenden chronischen Erkrankungen besonders bedeutsam.

Wie Sie Ihr Nährungssystem stärken

Wenn mit zunehmendem Alter die Funktionsfähigkeit des Nährungssystems nachlässt, stellt sich die Frage, wie wir ihm die Arbeit erleichtern können. Wie Sie Ihr Nährungssystem fördern und nicht überfordern, lesen Sie auf den nachfolgenden Seiten.

Die aufgeführten Ernährungsleitlinien zielen vorrangig darauf ab, das Nährungssystem zu stärken und damit für eine optimale Umwandlung der Nahrung zu sorgen. Auf diese Weise wird eine gute Versorgung mit Nahrungsenergie gewährleistet, die Ihnen Wohlbefinden und Vitalität schenkt und gleichzeitig Übergewicht verhindert. Nachfolgend finden Sie die Ernährungsleitlinien mit Hinweisen zur Zubereitung. Ergänzende Informationen zu der Wirkung von Getränken und zur Vertiefung Ihres Wissens finden Sie im Ratgeber **Alles wird schwerer – Ich nicht** auf S. 49 ff.

Kaiserin, Edelfrau, Bettelfrau – morgens, mittags, abends

Morgens arbeitet unser Nährungssystem am besten, abends am schlechtesten. Es ist also von Vorteil, gut zu frühstücken und abends nur wenig zu essen. Während der Nacht und der frühen Morgenstunden brauchen unsere Verdauungsorgane Ruhe. Späte Mahlzeiten beeinträchtigen unser Wohlsein und wirken sich negativ auf das Körpergewicht aus. Eine alte Volksweisheit beschreibt diese Empfehlung treffend: »Iss morgens wie eine Kaiserin, mittags wie eine Edelfrau und abends wie eine Bettelfrau.« Es ist somit für Sie hilfreich, besonders abends darauf zu achten, Speisen zu essen, die Ihrem Nährungssystem die Arbeit erleichtern. Das sind vor allem gekochte Gemüse- und Getreidegerichte, insbesondere in Form von Suppen. Im Rezeptteil sind die Gerichte, die sich auch gut für abends eignen, gekennzeichnet.

Jede Mahlzeit benötigt eine gewisse Zeit, ca. 3 – 5 Stunden, um von unserem Nährungssystem gut umgewandelt zu werden. Zwischen den Mahlzeiten etwas zu essen verschlechtert diese Umwandlung und begünstigt daher die Bildung von Feuchtigkeit. Das ist, als würden Sie einen Bohneneintopf kochen und 1 Stunde, nachdem Sie den Eintopf aufgesetzt haben, noch ein paar Bohnen und dann, nach einer weiteren Stunde, wieder ein paar Bohnen hinzufügen. Der Eintopf wird auf diese Weise nie richtig fertig gekocht und auch nicht besonders gut verträglich sein – ein Teil der Bohnen zerfällt schon fast, andere Bohnenkerne sind noch nicht gar.

Rhythmus – tut uns gut

Unser Verdauungssystem braucht, um gut zu funktionieren, eine gewisse Regelmäßigkeit. Wer häufig Diäten macht oder einseitig isst, verschlechtert die Funktion seines Verdauungssystems: Jojo-Effekt. Unser Nährungssystem ist nach solchen Diäten einfach nicht mehr gut im Training, quasi aus dem Rhythmus geraten und hat sich daran gewöhnt, weniger zu arbeiten. Das gilt insbesondere, wenn wir das Frühstück ausfallen lassen – eine beliebte, auf Dauer jedoch nicht erfolgreiche Methode vieler Frauen zur Gewichtsabnahme. Lassen Sie das Frühstück ausfallen, nutzen Sie die optimale Arbeitszeit Ihres Nährungssystems, die morgens ist, nicht aus. Das ist vergleichbar mit einer Sportlerin, die wir in der Zeit ihrer höchsten Leistungsfähigkeit nicht trainieren lassen. Sie wird auf diese Weise nie Bestleistung vollbringen können.

Ebenso beeinträchtigen alle Extreme die Effizienz unseres Nährungssystems: zu viel, zu wenig, zu fett, zu spät, zu süß, zu heiß, zu kalt. Es gilt, die goldene Mitte einzuhalten. Mit einem Berufsalltag zu vereinbaren lässt sich dies, wenn Sie Gerichte für 2 Tage vorkochen. Mit verschiedenen Beilagen kann dann variiert werden. Ein vorgekochtes Gemüsegericht essen Sie an einem Tag mit Reis, am nächsten mit Hirse, Couscous oder Amaranth. Auf diese Weise können Sie auch abends, nach dem Nachhausekommen, direkt auf etwas Gekochtes zurückgreifen. Wer abends nicht mehr lange kochen muss, kann zudem früher zu Abend essen. Das Gleiche gilt für das Frühstück, es kann für 2 Tage vorgekocht und im Kühlschrank zwischengelagert werden. Am Morgen muss es dann nur noch aufgewärmt werden.

Einfachheit – schmeckt gut

Je einfacher die Lebensmittelkombination in einer Mahlzeit ist, umso leichter lässt sie sich verdauen. Dieser Zusammenhang wurde bei der Zusammenstellung der Rezepte beherzigt. Mit Einfachheit ist nicht gemeint, dass es einseitig oder geschmacklos ist. Vielmehr entfalten Nahrungsmittel ausgewählter Qualität ihren natürlich guten Geschmack im Besonderen dann, wenn sie ohne viele Zutaten zubereitet werden. Achten Sie daher bei der Auswahl der Zutaten auf einen guten, natürlichen Eigengeschmack – ein wichtiger und guter Orientierungsfaktor bei der Auswahl von Nahrungsmitteln. Saisonales Obst und Gemüse aus regionalem und kontrolliert biologischem Anbau schmecken meist am besten und sind nachhaltig.

Regional und saisonal – die Natur sorgt für uns

Wählen Sie Gemüse und Obst entsprechend der Saison und der Region aus, können Sie in der Regel sicher sein, dass diese ausgereift sind und mit ihrer thermischen Wirkung genau das Richtige für Sie sind. In der Vielfalt der Rezepte mit ihren Variationen wird diesem jahreszeitlich unterschiedlichen Angebot an Obst und Gemüse Rechnung getragen. Welches Gemüse oder Obst gerade Saison hat, können Sie an dem Saisonkalender ab S. 130 ablesen. Meist erkennen Sie es auch an dem vermehrten Angebot und dem günstigeren Preis auf dem Wochenmarkt.

Südfrüchte und unreife sowie in Treibhäusern schnell gewachsene Gemüse- und Obstsorten sind in ihrer thermischen Wirkung eher kühlend. Das heißt, Sie müssen viel Verdauungsfeuer aufbringen. Wie bereits erwähnt, sind viele Frauen ab dem mittleren Lebensalter, insbesondere bei schwacher Grundveranlagung, mit diesen kalten Früchten und dem kalten Gemüse überfordert. Dementsprechend wird sich vermehrt Feuchtigkeit bilden, was sich beispielsweise in einem vermehrten Körpergewicht zeigt. Zudem wird weniger Wärme und Energie bereitgestellt, kalte Hände und Füße, schnelles Frieren und Energiemangel sind die Folgen.

Gekochtes – nimmt uns Arbeit ab

Wenn Sie viel gekochte und damit vorverdaute Lebensmittel essen, erleichtern Sie sich die Arbeit. Für rohe und kalte Lebensmittel muss unser Nährungssystem viel Energie aufbringen, es muss das Feuer unter dem Kochtopf mehr anheizen. Diese zusätzlich aufzuwendende Energie kann uns dann an anderer Stelle fehlen beziehungsweise die Verdauungsarbeit wird meist nicht in ihrem gesamten Umfang bewältigt.

Je nach Veranlagung, Jahreszeit und körperlicher Aktivität können Sie der gekochten Nahrung auch etwas Rohkost hinzufügen. Bei guter Veranlagung und in der warmen Jahreszeit sowie bei vermehrter körperlicher Aktivität auch mehr. Bei Schwäche, in der kalten Jahreszeit und bei geringer körperlicher Aktivität nur wenig. Lassen Sie sich am besten davon leiten, wie gut Sie Rohkost vertragen und vertrauen Sie darauf, dass Ihnen Ihr Körper signalisiert, wie es ihm bekommt.

Entsprechend dieser Ernährungsleitlinie sind im Rezeptteil auch für das Frühstück mehrere Varianten eines warmen Getreidefrühstücks zusammengestellt. Dabei kann es für die eine oder andere Frau durchaus auch eher die herzhafte Wahl sein. Wenn Sie sich bezüglich des Aufwärmens Sorgen um die Vitamine machen sollten, auf S. 36/37 des Ratgebers **Alles wird schwerer – Ich nicht** finden Sie klärende Ausführungen dazu.

Sofern Sie mittags arbeitsbedingt nicht zu Hause sind und in der Kantine nicht das Passende finden sollten, eignen sich die folgenden Alternativen: Nehmen Sie eine vorgekochte Mahlzeit zur Arbeit mit und wärmen Sie diese dort beispielsweise in der Teeküche wieder auf. Einige gekochte Gerichte können auch gut kalt gegessen werden, solange dies nicht zur täglichen Gewohnheit wird. Im Rezeptteil sind solche Gerichte gekennzeichnet. Ausgewählte Gemüse- oder Getreidegerichte sind, auch aufgewärmt, in Maßen genossen, gewöhnlich immer noch besser verträglich, als ein kalter Joghurt oder ein Rohkostsalat aus dem Supermarkt.

Pflanzliches – macht es uns leicht

Pflanzliche Lebensmittel sind für unser Nährungssystem einfacher umzuwandeln als tierische Lebensmittel. Sie tun sich etwas Gutes, wenn Sie überwiegend gekochtes Getreide, Gemüse und Hülsenfrüchte essen. Im Rezeptteil liegt somit auch der Schwerpunkt auf Getreide- und Gemüsegerichten. Die Rezepte in der Rubrik Fleisch, Geflügel und Fisch sind als Beilagen oder kleine Gerichte konzipiert, was sie nicht minder lecker und raffiniert sein lässt. Milch und Milchprodukte finden aus den genannten Gründen nur in kleinen Mengen Verwendung.

Getreide – die ganze Energie

Getreide, in Form des ganzen Korns genossen, wirkt stärker harmonisierend und energetisierend auf uns, als gemahlenes Getreide und Getreideprodukte. Brot begünstigt beispielsweise die Bildung von Feuchtigkeit, vor allem Weizenbrot. Es ist von Vorteil, mit zunehmendem Alter mehr gekochte Getreidegerichte anstatt Brot zu essen. Das macht sich insbesondere auch beim Körpergewicht positiv bemerkbar. Wenn Sie auf Brot nicht ganz verzichten möchten, so sei Ihnen fein gemahlenes Roggen-, Dinkel- oder Haferbrot empfohlen; sie bilden weniger Feuchtigkeit als Weizenbrot. Auch getoastetes Brot und abgelagertes Brot bereiten weniger Arbeit als frisches Brot.

Sollten Sie bislang nur wenig Getreidegerichte gegessen haben, ist es hilfreich, mit Getreidesorten wie Hirse, Mais, Reis und Haferflocken zu beginnen. Sie werden gewöhnlich auch von Neueinsteigern gut vertragen. Zu einem späteren Zeitpunkt können dann auch Dinkel, Grünkern, Gerste und Roggen in den Speiseplan mit aufgenommen werden. Die Getreiderezepte sind weitestgehend so einfach zusammengestellt, dass auch die weniger Erfahrenen im Umgang mit dem Kochen von Vollgetreide diese ohne große Mühen zubereiten können. Die Einfachheit tut dem Geschmack und der nährenden Wirkung der Gerichte keinen Abbruch und so wird auch der Gaumen der fortgeschrittenen Getreideköchinnen belohnt.

Milchprodukte – weniger ist mehr

Milch und Milchprodukte können grundsätzlich gute Energielieferanten sein. Für viele Frauen ab dem mittleren Lebensalter sind sie jedoch nur schwer zu verdauen, insbesondere bei einer eher schwachen Grundveranlagung. Diese Lebensmittel tragen leicht zur Bildung von Feuchtigkeit bei. Wenn Sie trotzdem nicht auf sie verzichten möchten, testen Sie, welche Milchprodukte am verträglichsten sind. Morgens und mittags ist die Verträglichkeit generell besser als abends. Ebenso kann Käse in der Regel leichter verarbeitet werden als Milch und andere Milchprodukte wie beispielsweise Joghurt und Quark. Je höher der Trockengehalt des Käses, umso verträglicher ist er gewöhnlich. Käse von Schaf und Ziege sind thermisch wärmer als Kuhmilchkäse. Wer sie geschmacklich mag, bereitet damit nicht nur sich, sondern auch seinem Nährungssystem eine Freude.

In den Rezepten, die Käse enthalten, sind vorwiegend Schafs- und Ziegenkäse angegeben. Wenn Ihnen diese Käsesorten geschmacklich nicht zusagen sollten, können Sie auch auf Kuhmilchkäsesorten mit hohem Trockengehalt wie Bergkäse, Cheddar, Chester, Emmentaler, Greyerzer, Parmesan oder Sbrinz zurückgreifen.

An dieser Stelle ein allgemein wichtiger Hinweis: Essen Sie nichts, was Ihnen nicht schmeckt!

Kauen – gut gekaut ist halb verdaut

Wenn Sie Ihre Nahrung gut kauen, erleichtert das die Arbeit, denn alles, was bereits von den Zähnen zerkleinert ist, benötigt weniger Verdauungsfeuer. Auch dieses Wissen findet sich in einer Volksweisheit wieder: »Gut gekaut ist halb verdaut.«

Trinken – vor oder nach dem Essen

Verdauungssäfte haben eine höhere Wirksamkeit, wenn sie nicht durch Getränke verdünnt werden: also besser nichts trinken während einer Mahlzeit. Auch zu heiße oder zu kalte Getränke sind nicht gut – Hitze schwächt den Magen, Kälte verlangsamt dessen Aktivität. Etwa ¼ Stunde vor dem Essen eine Tasse heißes Wasser zu trinken, ist hingegen förderlich. Dadurch wird der (innere) Kochtopf quasi für das Essen vorgewärmt, was die Umwandlung der aufgenommenen Nahrung unterstützt. Das kann besonders hilfreich sein, wenn Sie im Sommer mittags einmal doch nur einen Salat essen wollen.

Achtsamkeit – entspannt uns

Es ist gut, uns beim Essen ganz auf die Nahrungsaufnahme zu konzentrieren und uns nicht durch Fernsehen, die Zeitung, unsere Arbeit oder andere Dinge ablenken zu lassen. In einer angenehmen Atmosphäre und einer guten Stimmung gelingt uns das besonders gut. Wir kauen dann ausgiebiger, der Sättigungseffekt ist größer, wir fühlen uns zufriedener, achten besser darauf, wann wir satt sind und können spüren, welche Lebensmittel uns gut tun und welche nicht.

Im Sitzen zu essen, auch wenn es nur Kleinigkeiten sind, entspannt den Verdauungstrakt, was unserem Nährungssystem die Arbeit erleichtert. Außerdem fokussiert es unsere Aufmerksamkeit auf das Essen. Wie entspannend, wenn wir uns in unserem Tun auf eine Sache konzentrieren und nicht davon getrieben sind, alles mögliche gleichzeitig zu erledigen! Das gilt im Übrigen auch für das Kochen. Wenn Sie kochen, dann kochen Sie! Alles, was wir tun, gewinnt an Wirkkraft, wenn wir unsere ganze Aufmerksamkeit darauf lenken.

ÜBUNG

Sinnliche Essmeditation

Wählen Sie ein Lebensmittel aus und nehmen Sie es in die Hand. Betrachten Sie es von allen Seiten. Wie sind die Farben, wie ist die Form, die Größe, die Oberflächenbeschaffenheit? Riechen Sie an dem Lebensmittel. Wie riecht es? Süß, scharf, säuerlich? Ist der Geruch angenehm?
Nachdem Sie das Lebensmittel ausreichend betrachtet, befühlt und gerochen haben, nehmen Sie es in den Mund und kauen Sie es langsam und ausgiebig. Wie ist die Konsistenz? Trocken, feucht, weich, hart? Wie ist der Geschmack? Süß, bitter, scharf, salzig, sauer? Verändert sich der Geschmack während des Kauens? Welche Geräusche entstehen beim Kauen? Wie fühlen Sie sich während und nach dem Essen? Entspannt, freudvoll, neugierig, kalt, warm, wohlig, konzentriert, voll, müde, dumpf, unkonzentriert? Achten Sie auf Ihre körperlichen und emotionalen Empfindungen und welche Gedanken und Erinnerungen Ihnen dazu möglicherweise in den Sinn kommen.
Wählen Sie für jeden Tag ein neues Lebensmittel für diese kleine Essmeditation aus. Morgens, noch bevor Sie etwas gegessen haben, ist die Sensitivität gewöhnlich am stärksten. Die Essmeditation kann jedoch auch zu jeder anderen Tageszeit durchgeführt werden, zu der Sie einige Minuten vollkommen in Ruhe auf sich und das Lebensmittel konzentriert sein können.

Liebe – geht durch den Magen

Wenn die Zubereitung der Nahrung aus der Liebe zu uns selbst und zu anderen heraus geschieht, dann fühlen wir uns wohl und energiegeladen. Nicht zuletzt macht es sich daran bemerkbar, dass uns das bekömmliche Essen gut schmeckt, denn, was mit Liebe gekocht ist, das schmeckt besonders gut. Wie mit der Zubereitung, so verhält es sich auch mit der Aufnahme der Nahrung. Eine liebevolle Atmosphäre lässt uns das Essen besonders gut munden, denn dabei nehmen wir ebenso die Energie auf, die um uns herum herrscht.

So wie die Liebe, gehen jedoch auch der Ärger, die Hektik, der Streit und die schwer verdaulichen Informationen aus der Zeitung und dem Fernseher, die am Tisch verbreitet werden, durch den Magen. Sie sind beim Essen fehl am Platz. Sie wirken schwächend, mit all den Nachteilen, die für uns daraus erwachsen: das Unwohlsein, der Druck im Magen, die Verdauungsbeschwerden, die Energielosigkeit, die Gewichtszunahme, um nur einige der unerwünschten Folgen zu nennen.

Wertschätzung – richtet unseren Blick auf die Fülle

Die Wertschätzung und die Dankbarkeit, die wir der Nahrung entgegenbringen, kommt in gleichem Maße unserem Wohlsein zugute. Das ist vergleichbar mit der bewussten Wertschätzung eines Menschen, dem wir für seine Nähe und Fürsorge dankbar sind. Mit der Wertschätzung und der Dankbarkeit diesem Menschen – und eben auch der Nahrung – gegenüber richten wir unsere Aufmerksamkeit auf die Fülle in unserem Leben. Mit einem auf die Fülle gerichteten Blick fühlen wir uns wohl und gut versorgt. Bereits ein kurzer, jedoch bewusster Moment der Dankbarkeit bei jeder Zubereitung und dem Verzehr einer Mahlzeit, stärkt Ihr Vertrauen, dass Sie das Leben nährt. Und das führt Sie weg von dem Fokus auf die Angst vor Krankheiten und Übergewicht und dem Blick auf den Mangel an Nährstoffen.

Wie Sie vitalisierende und harmonisierende Speisen zubereiten

Manche Zubreitungsweisen belasten unser Nährungssystem mehr als andere. Beispielsweise liegt Frittiertes und stark Angebratenes schwerer im Magen als schonend Gedünstetes, das spürt man ab dem 40. Lebensjahr immer stärker. Vitalisierende und harmonisierende Speisen zuzubereiten ist nicht schwer –, doch einige Grundregeln sind zu beachten.

Die verschiedenen Zubereitungsweisen und Temperaturen beeinflussen die Energie und Thermik der Nahrung auf unterschiedliche Weise. Je nach Garverfahren und Zubereitung, wird mehr oder weniger Wärme innerhalb kurzer (z. B. Frittieren, heißes Anbraten) oder eher langer Zeiträume (z. B. langes Kochen, Garen im Backofen) zugefügt. Ebenso kann den Nahrungsmitteln viel (z. B. Tiefkühlen, Keimen) oder wenig (z. B. Marinieren) Kälte zugeführt werden. Für ein ausgewogenes Gericht ist es wichtig, diese Unterschiede zu berücksichtigen. Garverfahren, die Lebensmittel in kurzer Zeit viel Hitze zuführen, wie beim Frittieren oder Braten in der Pfanne, können überfordernd sein.

Stark kühlende Lebensmittel wie eisgekühlte Getränke und Eiscreme bewirken eine starke Abkühlung des Kochtopfs, was ebenfalls überfordern und schwächen kann. Daher sind insbesondere ab dem mittleren Lebensalter und bei schwacher Grundveranlagung die Garmethoden zu empfehlen, die langsam und mit mäßiger Temperatur Wärme zuführen beziehungsweise nur leicht kühlend wirken. Dementsprechend wurden die für die nachfolgenden Rezepte verwendeten Garmethoden auf das Kochen mit wenig Wasser, das Garen im Backofen, das Dünsten und Blanchieren sowie das Kochen mit viel Wasser wie bei Suppen und Eintöpfen ausgerichtet. Ergänzende Informationen dazu finden Sie in der nachfolgenden Tabelle.

Jahreszeit und individuellen Bedarf berücksichtigen

Sie spüren es sicherlich auch: Ein Obstsalat im Sommer wirkt belebend und erfrischend, aber essen Sie ihn im Winter, ist Ihnen unangenehm kalt danach. Versuchen Sie, die Zubereitungsweisen und Garmethoden der Jahreszeit und Ihrem individuellen Bedarf anzupassen:

So wirken sich Gar- und Zubereitungsweise auf die Thermik der Speise aus

wärmende und erhitzende Gar- und Zubereitungsweisen		erfrischende und kühlende Gar- und Zubereitungsweisen	
+ wenig erhitzend	heiße und erwärmende Gewürze zufügen	Blanchieren	– wenig kühlend
	langes Kochen in Flüssigkeit	Kochen in viel Wasser	
++ mäßig erhitzend	Kochen mit Alkohol	Kochen mit erfrischenden Zutaten (Obst, Sprossen, Champignons, Algen, Fruchtsäfte)	– – mäßig kühlend
	Backen	Marinieren	
	Braten	Keimen	
+++ stark erhitzend	heißes Anbraten	Tiefkühlen	– – – stark kühlend
	Räuchern		
	Grillen, Frittieren		

- Im Frühjahr und im Sommer sind die Kochzeiten und Wärmezufuhren geringer als in der kalten Jahreszeit, in der sich lang gekochte Suppen und Eintöpfe gut auf dem Speiseplan machen.
- Rohkost und Salate sind in der warmen Jahreszeit, in kleinen Mengen genossen und insbesondere in Kombination mit gekochten Speisen, besser verträglich, als im Herbst und im Winter. Haben Sie eine gute Grundveranlagung und sind Sie körperlich besonders aktiv, kann dieser Anteil auch durchaus etwas höher sein.
- Kühlende Zubereitungsmethoden, wie das Marinieren, können dazu beitragen, thermisch warm oder heiß wirkende Lebensmittel, wie einige Fleischsorten, besser verträglich zu machen. Gezielt und sparsam eingesetzt, haben auch solche kühlenden Zubereitungsformen einen nützlichen Platz in der Küche.
- Sehr kühlende Methoden, wie das Tiefkühlen, überfordern hingegen, wie bereits erwähnt, häufig das Nährungssystem – sogar wenn die tiefgekühlten Lebensmittel erwärmt werden. Vielen bekommt es gut, Tiefkühlkost und sehr kalte Getränke weitestgehend zu meiden. Weitere Informationen dazu erhalten Sie auf S. 37/38 des Ratgebers **Alles wird schwerer – Ich nicht.**

Getreide – vergessene Nahrungsbasis

Getreide trägt, wie kaum ein anderes Lebensmittel, wesentlich zur Vitalisierung und Harmonisierung der »Mitte« bei. Die Mitte ist ein Begriff in der Traditionellen Chinesischen Medizin, der dem Erdelement entspricht und dessen Aufgabe vor allem die Umwandlung der Nahrung ist. Getreide galt weltweit schon immer für viele Völker als wichtiges Grundnahrungsmittel und diente ihnen als Lebensgrundlage. Doch heutzutage essen nur noch wenige Vollkorngetreide – Vollkornbrot noch am ehesten –, aber Vollkorngetreide in einem warmen Hauptgericht steht eher selten auf dem Esstisch. Auch Nudeln aus Auszugsmehl, weißer Reis und Frühstückszerealien wie Cornflakes enthalten nicht mehr alle wertvollen Bestandteile des vollen Korns. Dabei ist Getreide, im ganzen Korn oder in nur gering verarbeiteten Getreideprodukten, auch aus westlicher Sicht, eines der ausgewogensten Nahrungsmittel überhaupt.

WISSEN

Wie Gewürze wirken

Die meisten Gewürze gehören dem scharfen, manche auch dem bitteren und einige wenige dem süßen Geschmack an. Alle sind in ihrer thermischen Wirkung gewöhnlich warm bis heiß und haben einen vitalisierenden und harmonisierenden Einfluss. So wirken sie unter anderem gegen Kältesymptome wie beispielsweise kalte Hände und Füße, Frieren, Verdauungsbeschwerden, kältebedingte Gelenk- und Bauchschmerzen. In moderater Menge genossen, unterstützen Gewürze das Nährungssystem und wirken sich somit also positiv auf die Umwandlung der Nahrung aus. Werden sie jedoch im Übermaß konsumiert können sie die Substanz (Kerzenwachs) angreifen und zu Hitzezeichen wie Unruhe, Nervosität, Schlafstörungen, Schweißausbrüchen und Entzündungen führen.

Gute Qualität zahlt sich aus

Um die Menge der verwendeten Gewürze in Maßen zu halten, ist es hilfreich, auf Frische und eine gute Qualität zu achten. Es lohnt sich, etwas mehr Geld für hochwertige und meist auch intensiver schmeckende Gewürze anzulegen, von denen gewöhnlich schon geringere Mengen für die Zubereitung der betreffenden Gerichte ausreichen. Mit minderwertigen und alten Gewürzen lassen sich gut gedachte Speisen schnell überwürzen. Salz hat, im Gegensatz zu anderen Gewürzen, eine kalte thermische Wirkung. In Maßen genossen hat es einen kräftigenden und harmonisierenden Einfluss und kann vorhandene Hitze reduzieren und Ansammlungen von Feuchtigkeit auflösen. Meist wird hierzulande zu salzreich gegessen. Empfehlenswert wäre ein langsames Reduzieren der beim Kochen verwendeten Menge, und auch Fertigprodukte sind in aller Regel zu stark gewürzt.

Zubereitung und energetische Wirkung

Es erfordert eine gewisse Umstellung und Anpassungszeit, wenn für Sie die Verwendung ganzer Getreidekörner etwas vollkommen Neues sein sollte. Ihre Verdauung muss sich erst auf die ungewohnte Kost einstellen. Für den Anfang sind Getreidesorten wie Mais, Reis und Hirse oder auch Flocken und Gries anderer Sorten eine gute Wahl. Sie sind gewöhnlich leichter zu verstoffwechseln. Es hilft auch, Getreidekörner über Nacht in Wasser einzuweichen, was zudem die Kochzeit verkürzt. Nicht zuletzt ist es sehr hilfreich, das gekochte Getreidekorn und auch Getreideprodukte gut zu kauen. Die Ernährungsleitregel »Gut gekaut ist halb verdaut« trifft auf Getreidegerichte im Besonderen zu (S. 28).

Grundsätzlich alle Getreidesorten stärken die Mitte und fördern so Ausdauer, Klarheit, Ruhe und Gelassenheit sowie einen guten Schlaf. Getreide gehört, mit einzelnen kühlenden oder erwärmenden Tendenzen, zu den thermisch neutral wirkenden Lebensmitteln. Die Zubereitungsweise nimmt, wie bei allen Lebensmitteln, auch hier Einfluss auf deren thermische Wirkung. Wird Getreide angeröstet, bevor es gekocht wird, erhöht dies die wärmenden (Yang) Qualitäten des jeweiligen Getreides. Das verstärkt beispielsweise bei Langkornreis dessen entfeuchtende Eigenschaft. Info: Getreide wird am besten in einem sauberen, verschließbaren Gefäß an einem trockenen Platz aufbewahrt.

Dinkel – nussig im Geschmack

Dinkel ist eine Kulturform des Weizens, allerdings nussiger im Geschmack. Aufgrund seiner geringen Ertragskraft, im Vergleich zum Weizen, wurde er in vielen Gebieten Deutschlands jedoch verdrängt. Selbst für Allergiker meist besser verträglich und auch robuster und anspruchsloser als Weizen, nimmt seine Beliebtheit erfreulicherweise zu. Schon Hildegard von Bingen hat Dinkel als das am besten verträgliche Getreide gelobt. Seine Wirkungsweise ist ähnlich dem des Weizens, wobei seine thermische Wirkung neutral ist, insbesondere die Mitte gestärkt und Energie aufgebaut wird. Erst an zweiter Stelle leitet er, wie Weizen, Hitze aus und baut Substanz auf.

Dinkel eignet sich als ganzes Korn, als Grieß oder Flocken für ein warmes

Frühstück. Ebenso wohlschmeckend ist er in Aufläufen, Eintöpfen, Brot, Gebäck und Nachspeisen sowie in Form von Nudeln.

Dinkel zubereiten: 150 g (2 Portionen) Dinkel mit 450 ml Wasser in einen Topf geben. Nicht eingeweichter Dinkel muss ca. 60 Min. kochen, über Nacht eingeweichter 30 Min., mit etwas weniger Wasser.

Gerste – auch für den empfindlichen Magen

Gerste ist eine der ältesten Kulturpflanzen der Welt, die unseren Vorfahren lange Zeit als wichtige Nahrungsgrundlage diente. Heute wird Gerste in unseren Breiten, von der Bierherstellung abgesehen, für die menschliche Ernährung nur wenig genutzt. Gerste ist in ihrer thermischen Wirkung kühl. Sie stärkt und harmonisiert vor allem die Mitte und fördert die Verdauung. Durch ihre positive Wirkung auf die Schleimhäute ist sie im Besonderen auch für Magen und Zwölffingerdarm wohltuend. Bei Entzündungen in diesem Verdauungsbereich und auch bei Wasseransammlungen, entfaltet sie, als Gerstenschleim genossen, eine heilende Wirkung. Ebenso leitet Gerste Feuchtigkeit aus.

Gerste eignet sich insbesondere als Frühstück in Form ganzer Getreidekörner oder Flocken und ebenso als Zugabe zu Suppen und Eintöpfen. Für letztere werden meist Graupen verwendet, bei denen jedoch Teile des Korns und damit wertvolle Bestandteile durch das Polieren verloren gehen.

Gerste zubereiten: 150 g (2 Portionen) in einen Topf geben, mit Wasser übergießen, bis das Wasser gut 1 Finger breit über dem Getreide steht. Alles aufkochen und bei milder Hitze garen. Die Kochzeit beträgt in etwa 40 Min. für eingeweichte Gerste, sonst 60 Min. mit etwas mehr Wasser.

Grünkern – würziges Aroma

Grünkern wird aus unreif geerntetem Dinkel gewonnen, der gedarrt, leicht geröstet wird. Das verleiht ihm sein würziges Aroma und seine thermisch leicht warme Wirkung. Er stärkt die Mitte und das Blut und hat eine entfeuchtende Wirkung. Aufgrund seines kräftigen Aromas eignet er sich besonders gut für Suppen, Bratlinge, Aufläufe und andere herzhafte Getreidegerichte.

Grünkern zubereiten: 150 g (2 Portionen) Grünkern mit gut 300 ml Wasser aufgießen, zum Kochen bringen und dann auf milder Hitze köcheln lassen. Die Kochzeit des ganzen Korns beträgt ungefähr 30 Min.

Hafer – belebt und kräftigt

Hafer ist, ernährungsphysiologisch betrachtet, ein sehr hochwertiges Getreide. Seine thermische Wirkung ist neutral mit einer wärmenden Tendenz. Er hat eine äußerst kräftigende Wirkung und ist daher bei körperlicher Erschöpfung und Gefühlen von Energiemangel besonders hilfreich. Ebenso aktiviert er den Geist, was bei Antriebslosigkeit von Nutzen ist. Bei innerer Unruhe, Hyperaktivität und Schlaflosigkeit sollte er hingegen besser gemieden werden. Hafer besitzt, westlich betrachtet, eine positive Wirkung auf den Cholesterinspiegel, durch seine entfeuchtende Eigenschaft.

Sein leicht nussartiges Aroma wird durch Anrösten vor dem Kochen noch intensiver. In Form von Nackthafer oder Haferflocken ist er für ein kräftigendes Frühstück hervorragend geeignet. Ebenso passt er gut als Getreidebeilage zu Suppen, als Zutat von Brot und Backwaren sowie für die Zubereitung von Nachspeisen.

Hafer zubereiten: 150 g (2 Portionen) Nackthafer in einen Topf geben, mit Wasser übergießen, bis das Wasser 1 Finger breit über dem Getreide steht. Alles aufkochen und bei kleinster Flamme köcheln. Die Kochzeit beträgt in etwa 40 Min. Über Nacht in Wasser eingeweicht, lässt sich die Kochzeit verkürzen.

Hirse – auch für Einsteiger

Die Familie der Hirsegewächse umfasst viele Arten, wobei in Deutschland als Speisehirse gewöhnlich die Rispenhirse verwendet wird. Früher wurde Hirse auch in Deutschland angebaut und insbesondere in Form von Hirsebrei verzehrt. Heute importieren wir Hirse vor allem aus Asien. Sie gehört zu den leicht verträglichen Getreidesorten und eignet sich daher besonders gut zum Einstieg in die Vollgetreideküche. Hirse stärkt und harmonisiert im Besonderen die Mitte. In ihrer thermischen Wirkung ist sie kühl und eignet sich zur Beseitigung von Hitzesymptomen wie innere Unruhe, Nervosität, Entzündungen, Schweißausbrüche und Schlafstörungen. (Mehr dazu auf S. 78 ff. des Ratgebers **Alles wird schwerer – Ich nicht.**) Hirse ist auch gut gegen Trockenheit, wie trockene Haut und Schleimhäute. Hirse eignet sich als Frühstücksbrei in Form des ganzen Korns oder als Flocken, ebenso für süße und herzhafte Getreidegerichte aller Art oder einfach nur als Beilage zu Gemüse oder Fleisch.

Hirse zubereiten: 150 g (2 Portionen) Hirse vor dem Kochen gut mit Wasser waschen, dann mit Wasser übergießen, bis es knapp einen Finger breit über der Hirse steht. Die Hirse lässt man nach kurzem Aufkochen auf kleinster Flamme für ca. 20 Min. weiter ausquellen. Wie Reis wird Hirse während des Ausquellens nicht mehr umgerührt, damit sie schön körnig bleibt.

Mais – harmonisiert die Mitte

Mais kommt ursprünglich aus Mittelamerika und ist bei uns vor allem als Gemüsemais, Cornflakes, Maiskeimöl oder die aus Italien stammende Polenta bekannt sowie in gepoppter Form als Popcorn. Mais stärkt und harmonisiert insbesondere den Magen und hilft bei Magenleiden. Zudem baut er Substanz auf, wirkt beruhigend auf das Herz, reguliert die Verdauung und leitet Feuchtigkeit aus. Seine thermische Wirkung ist neutral. Mais als Polenta ist köstlich und passt gut als Beilage zu Gemüse oder Fleisch. Auch für Süßspeisen findet Mais eine gute Verwendung.

Polenta zubereiten: Auf 1 Teil Maisgrieß kommen in etwa 4 Teile Wasser. Für 2 Portionen 125 g in 0,5 l kochendes Wasser einstreuen und einrühren, kurz aufkochen und dann zugedeckt auf kleinster Wärme für 10 Min. bei gelegentlichem Umrühren kochen. Für weitere 10 Min. auf ausgeschalteter Herdplatte ausquellen lassen. Tipp: Butter und zu verwendende Gewürze am besten schon in das heiße Wasser mit hineingeben, bevor der Maisgrieß eingestreut wird, dann verteilt und verbindet sich alles besser.

Reis – hohe Verträglichkeit

Reis ist für einen großen Teil der Menschheit wichtigstes Grundnahrungsmittel und hat eine entsprechend große Sortenvielfalt. Rundkornreis und Langkornreis sind beide thermisch neutral, wobei Letzterer eine Tendenz zum Warmen hat. Beide haben eine die Mitte stärkende und Energie aufbauende Wirkung und leiten Feuchtigkeit aus. Basmatireis, der mittlerweile auch hier sehr beliebt ist, gehört zu den Langkornreissorten. Er hat eine besonders starke feuchtigkeitausleitende Wirkung. Wie die Hirse ist Reis ein Getreide mit hoher Verträglichkeit und daher für Einsteigerinnen in die Vollgetreideküche geeignet. Reis passt gut als Beilage und auch für ein süßes oder herzhaftes Frühstück.

Reis zubereiten: 150 g (2 Portionen) Vollkornreis in einen Topf geben. Durch Anrösten vor dem Kochen ohne Fett wird er geschmackvoller und bekommt eine leicht erwärmende, yangisierende Wirkung. Danach mit heißem Wasser übergießen, bis das Wasser etwa einen Finger breit über dem Reis steht. Nach kurzem Aufkochen lässt man Vollkornreis 35 – 45 Min. bei kleiner Hitze ausquellen. Weißer Reis benötigt kürzere Kochzeiten, ca. 20 Min., wobei ihm der Vollkornreis grundsätzlich vorzuziehen ist, auch wegen seines volleren Geschmacks.

Roggen – leitet Feuchtigkeit aus

Roggen ist eine anspruchslose Pflanze, die auch gut in kühlem und trockenem Klima wächst. Trotz seiner Robustheit ist er in weiten Teilen Deutschlands von dem ertragreicheren Weizen und der Gerste verdrängt worden. Roggen wird vorwiegend für die Herstellung von Brot verwendet, wobei er aufgrund seines kräftigen, würzigen Geschmacks auch für die Zubereitung pikanter Getreidegerichte geeignet ist. Roggen wirkt thermisch neutral. Mit seinem leicht bitteren Geschmack leitet er Feuchtigkeit aus. Roggen hat eine besonders stärkende, ausdauerfördernde Wirkung und unterstützt substanzaufbauend die Bildung von Fingernägeln, Haaren und Knochen. Er reguliert und bewegt das Qi und ist damit gut bei Neigung zu Stagnationen.

Roggen zubereiten: Roggen ist ein sehr hartes Getreide und benötigt lange Kochzeiten. Er sollte idealerweise über Nacht in Wasser eingeweicht werden. In nicht eingeweichtem Zustand braucht das Garen bis zu 1 Stunde und entsprechend viel Wasser im Verhältnis 1 : 3, also auf 150 g Roggen kommen 450 ml Wasser (für 2 Portionen). Eingeweicht benötigt er ca. 40 Min., mit entsprechend weniger Wasser.

Weizen – beruhigt und nährt

Weizen ist eine der ältesten kultivierten Getreidearten, wobei sich der heutige Saatweizen erst relativ spät, im 11. Jahrhundert, als das Weißbrot in Mode kam, etablierte. Er ist aus früheren Getreide- und Wildgrasarten gezüchtet worden. Die weltweite Verbreitung verdankt er dem milden Geschmack und seiner guten Backeigenschaften. Letztere hängen mit seinem hohen Anteil an Gluten, dem sog. Klebereiweiß, zusammen. Doch sein Glutengehalt macht seine Verträglichkeit für zunehmend mehr Menschen problematisch.

Weizen ist in seiner thermischen Wirkung kühl, er baut Substanz auf, beruhigt und nährt den Geist und das Herz. Er eignet sich besonders gut zur Kühlung von Hitzezuständen wie innere Unruhe, Nervosität, Schlafstörungen, Nachtschweiß und Hitzewallungen. Allerdings kann er durchaus auch die Gewichtszunahme fördern. Insbesondere raffinierte Weizenmehlprodukte sind für Gewichtsbewusste und bei der Neigung zur Bildung von Feuchtigkeit nicht empfehlenswert. Zudem gibt es zunehmend mehr Menschen, die auf Weizen mit Unverträglichkeiten oder gar allergisch reagieren. Weizen eignet sich für die Zubereitung von Weizentee und in verarbeiteter Form als Nudeln, Brot und Gebäck. Für eine bessere Verträglichkeit kann hier auf Dinkelprodukte zurückgegriffen werden. Dafür lohnt der meist etwas höhere Preis im Vergleich zu Produkten aus Weizen.

Weizen zubereiten: Weizen hat eine lange Kochzeit. Am besten also über Nacht in Wasser einweichen. Das verbessert auch seine Verträglichkeit. Das Mengenverhältnis von Weizen zu Wasser variiert mit der Länge der Kochzeit und beträgt in etwa 150 g (2 Portionen) Weizen zu 450 ml Wasser. Eingeweichter Weizen muss ca. 30 Min. kochen, nicht eingeweichter 1 Stunde.

Weizentee zubereiten: 2 EL Weizenkörner in 300 ml Wasser zum Kochen bringen und dann bei geringer Hitze 20 Min. köcheln lassen. Den Sud abends trinken. Die Weizenkörner können zusammen mit anderen Speisen (Getreidefrühstück, Suppen, Gemüse etc.) verzehrt werden.

Amaranth – außergewöhnlich im Geschmack

Zum Schluss seien noch zwei getreideähnliche Pflanzen erwähnt, die auch in unserem Kulturkreis zunehmend Verwendung in der Küche finden. Sie sind glutenfrei und gehören zur Familie der Fuchsschwanzgewächse beziehungsweise Gänsefußgewächse.

Amaranth ist eine der ältesten Nutzpflanzen der Welt, die bereits von den Azteken, Inka und Maya verwendet wurde. Seine thermische Wirkung ist kühl. Amaranth stärkt Qi und Substanz und leitet Feuchtigkeit aus. Er findet in Frühstückszerealien, in Brot und Gebäck Verwendung und eignet sich auch gut als herzhaftes Getreidegericht.

Amaranth zubereiten: Amaranth sollte gründlich mit heißem Wasser gewaschen werden, bevor er gekocht wird, damit sich die Bitterstoffe lösen. Andernfalls hat er einen ungewohnt bitteren Geschmack. 100 g Amaranth (2 Portionen) mit gut 250 ml Wasser zum Kochen bringen und dann auf kleiner Flamme für 25 Min. köcheln lassen.

Quinoa – stärkt den Körper

Quinoa, auch als Inkareis oder Andenhirse bekannt, ist wie Amaranth kein Getreide, findet jedoch ähnliche Verwendung und ist ebenfalls glutenfrei. Quinoa hat eine thermisch neutrale Wirkung. Es stärkt den Körper insgesamt und ist bei körperlicher Schwäche und Kraftlosigkeit besonders wirkungsvoll. Zudem ist es blutaufbauend und entfeuchtend. Quinoa eignet sich gut für ein warmes Getreidefrühstück sowie für Aufläufe, Suppen, als Beilage und für Nachspeisen.

Quinoa zubereiten: Quinoa gründlich mit heißem Wasser waschen und 100 g (2 Portionen) mit knapp 250 ml Wasser aufkochen und bei milder Hitze 20 Min. köcheln lassen. Das Ganze bei ausgeschalteter Herdplatte noch weitere 5 Min. quellen lassen.

Hülsenfrüchte – klein, aber mit großer Kraft

Hülsenfrüchte zählen zu den ältesten Kulturpflanzen der Welt, mit einer großen Sortenvielfalt. Aus Sicht der Traditionellen Chinesischen Medizin haben sie eine energie- und substanzaufbauende Wirkung. Ebenso kräftigen und harmonisieren sie das Nährungssystem. Darüber hinaus lösen einige Hülsenfrüchte feuchtigkeitsbedingte Stauungen auf. Das macht sie bei Symptomen wie Übergewicht, Ödemen, erhöhten Blutfett- und Blutzuckerwerten, Pilzinfektionen sowie bei Hitzesymptomen zusätzlich wirkungsvoll.

Das Temperaturverhalten von Hülsenfrüchten ist meist neutral, manche tendieren zur Kühle. Durch Keimen erhalten sie grundsätzlich eine kühlende thermische Wirkung. Ebenso sind Produkte aus der Sojabohne wie Sojamilch und Tofu kühl. Mitunter verursachen Sojaprodukte Verdauungsbeschwerden, insbesondere dann, wenn sie kalt verzehrt werden. Sofern diese auch im warmen und gewürzten Zustand schlecht verträglich für Sie sind, ist es ratsam, sie ganz zu meiden.

So werden Linsen und Co. verträglicher

Trotz ihres hohen Wertes für eine gute Ernährung, stehen Hülsenfrüchte gewöhnlich selten auf dem Speiseplan. Das mag zum einen an fehlendem Wissen liegen, auf welch vielfältige und schmackhafte Weise Linsen, Erbsen und Bohnen zubereitet werden können. Zum anderen hängt es mit ihrer Verträglichkeit zusammen. Ein Verdauungssystem, das Hülsenfrüchte nicht gewohnt ist, kann damit recht beansprucht sein. Mit der richtigen Kombination der Zutaten und der entsprechenden Zubereitungsweise, kann Ihr Speiseplan aber durchaus mit leckeren Hülsenfruchtgerichten bereichert werden. Nachfolgend erfahren Sie, welche einfachen Maßnahmen die Verträglichkeit der kleinen Früchte mit der großen Wirkung verbessern können.

- Hülsenfrüchte in der 3- bis 4-fachen Menge kalten Wassers für 10 – 12 Stunden einweichen und das Einweichwasser vor dem Kochen wegschütten. Die Hülsenfrüchte danach unter fließendem Wasser gut waschen.

Durch das Einweichen werden blähungstreibende Stoffe gelöst und zusammen mit dem Wasser entfernt. Linsen und Schälerbsen müssen nicht eingeweicht werden.

Es gibt auch eine kurze Variante des Vorquellens, wenn vergessen wurde, die Hülsenfrüchte einzuweichen. Dazu lässt man sie mit der 4-fachen Menge an Wasser für 2 Min. mit offenem Deckel kochen und dann für eine Stunde mit geschlossenem Deckel auf ausgeschalteter Herdplatte ziehen. Danach werden sie wie in den Rezepten angegeben gekocht.

- Gewürze und getrocknete Kräuter, die die Verträglichkeit von Hülsenfrüchten fördern, können schon während des Kochens hinzugefügt werden. Dazu gehören beispielsweise Bohnenkraut, Cumin, Kardamom, Koriander, Kümmel, Lorbeer und Thymian.
- Nach dem Aufkochen in Wasser, den Deckel für ein paar Min. abnehmen, wodurch blähende Gase abdampfen können. Den entstandenen Schaum abschöpfen.
- Salz und säurehaltige Zutaten, wie Essig, Senf, Saft und Früchte, sollten erst gegen Ende des Kochvorgangs hinzugegeben werden, da sie das Weichwerden verhindern.
- Am Schluss dann 1 TL Essig zugeben.
- Das Keimen von Hülsenfrüchten verbessert ebenfalls deren Verträglichkeit. Linsen, Mungbohnen und Azukibohnen eignen sich gut zum Keimen.

Flüssigkeitsmenge und Kochzeit

Hülsenfrüchte werden mit so viel Flüssigkeit aufgesetzt, dass diese etwa einen Finger breit über den Hülsenfrüchten im Topf steht. Für Suppen wird entsprechend mehr Wasser zugegeben. Hülsenfrüchte müssen während des Kochens immer gut mit Flüssigkeit bedeckt sein. Bei längeren Kochzeiten kann es also notwendig sein, etwas heißes Wasser nachzugießen. So sind die Flüssigkeitsangaben bei den Rezepten als Richtwerte zu sehen. Das gilt ebenso für die Angaben zur Kochzeit. Je nach Sorte, Einweichzeit, Wasserhärte und Alter der Hülsenfrüchte kann sie ein wenig davon abweichen. Hülsenfrüchte sollten lieber etwas länger als zu kurz gekocht werden. Das macht sich nicht nur in der Verträglichkeit, sondern auch im Geschmack positiv bemerkbar.

Kochzeiten von Hülsenfrüchten

Hülsenfrüchte	Kochzeiten in Min.
Linsen:	30 – 45
rote kürzer als braune und grüne	
Erbsen:	
geschält	45 – 60
ungeschält und Kichererbsen	90 – 120
Bohnen (aufsteigend):	45 – 120
Mungbohnen, Augenbohnen	
weiße Bohnen, schwarze Bohnen	
Azukibohnen, Kidneybohnen	
Ackerbohnen, Favabohnen, Sojabohnen	

Rezepte, die guttun

Die Rezepte sind einfach zuzubereitende, wohlschmeckende und bekömmliche Speisen. Ein besonders harmonisch wirkendes und damit gut schmeckendes Gericht erhalten Sie, wenn Sie die Reihenfolge der Zutaten bei der Zubereitung genau beachten. Ihr Nährungssystem und das Ihrer Gäste wird es Ihnen danken.

Wie Sie die Rezepte effektiv nutzen

Die Rezepte sind grundsätzlich für 2 Portionen ausgerichtet. Bei Quiches, Kuchen und Ähnlichem ist die Stückzahl angegeben. Für Suppen und Eintöpfe wurde eine Angabe von 2 × 2 Portionen gewählt, da sich Suppen und vor allem Eintöpfe hervorragend in größeren Mengen zubereiten lassen. Oft schmecken sie aufgewärmt eben noch besser!

Auch für einige Hülsenfruchtgerichte gilt: Am nächsten Tag schmecken sie meist noch besser – vorausgesetzt, Sie haben keine vorgegarten Hülsenfrüchte aus der Dose verwendet. Es lohnt sich, Hülsenfrüchte einzuweichen und frisch zu kochen, weil sie aromatischer im Geschmack sind. Die Rezeptangaben können bei Bedarf einfach verdoppelt werden.

Möchten Sie Gerichte in größeren Mengen kochen oder für den nächsten Tag vorkochen, ist zu bedenken, dass Getreide, wenn es nach dem Kochen nicht direkt gekühlt wird, weitere Flüssigkeit zieht und damit seine Konsistenz verändert. Das kann bei einem Getreidefrühstück, das Sie für ein paar Stunden auf der noch warmen Herdplatte stehen lassen, durchaus erwünscht sein. Ganze Getreidekörner sind dann besonders gut verträglich und Flocken bekommen eine schöne, sämige Konsistenz. Bei Getreide-Gemüse-Gerichten mit Bulgur, Hirse, Quinoa oder Amaranth führt ein langes Ausquellen hingegen zu einer eher unerwünscht weichen, breiartigen Konsistenz.

An dieser Stelle nochmals der Hinweis, dass Gerichte, die auch abends gut verträglich sind, oder sich zum Mitnehmen oder für unterwegs eignen, als solche gekennzeichnet wurden.

Mengenangaben

Für die Mengenangaben von Gemüse und Kräutern werden Küchenmaße verwendet. Das erleichtert die Vorbereitung. Nur dort, wo ganz genaue Mengen wichtig sind, ist zusätzlich die Grammzahl in Klammern angegeben.

Die Mengenangaben in den Rezepten für Gewürze sind als Richtwerte anzusehen. Sofern Ihr Gaumen eher stark gewürzte Speisen gewohnt ist oder die benutzten Gewürze nicht mehr ganz so frisch und aromatisch sein sollten, kann die geschmacklich angemessene Menge möglicherweise etwas höher liegen. Im Hinblick auf die Empfehlung würzig, aber nicht zu scharf, wäre jedoch eine moderate Verwendung von Gewürzen empfehlenswert. Das ist auch im Hinblick auf Salz ratsam. Sehr salzhaltiges Essen verstärkt beispielsweise den Hunger auf Süßes. Wenn Sie Ihren Konsum an Süßem reduzieren wollen, dann denken Sie also auch über die Reduktion von Salz nach.

Reihenfolge einhalten

Die Zutaten sind in der Reihenfolge ihrer Verwendung aufgelistet und entsprechend der Empfehlung aus der TCM, im Zyklus der fünf Elemente zu kochen, vorgenommen. Auch wenn die ein oder andere Reihenfolge ungewohnt sein sollte, probieren Sie diese schmackhafte Variante aus!

Nach jedem Zufügen einer Zutat wird dazu mehrmals umgerührt, damit sich das neu zugegebene Lebensmittel mit den anderen gut verbindet. Dies trägt quasi zu einer guten Verständigung der Zutaten untereinander bei. Jede neue Zutat wird durch das Umrühren und gute Verteilen mit den anderen Lebensmitteln vertraut gemacht.

Nun sind Sie mit allen theoretischen Inhalten des Kochbuchs vertraut. Bleibt mir noch, Ihnen viel Freude beim Kochen zu wünschen – guten Appetit!

Rezept für Ghee (geklärte Butter)

Die häufig angegebene Zutat Ghee wird als Fett zum Kochen und Braten verwendet. Es verleiht der Speise nicht nur einen köstlichen Geschmack, es hat zudem eine substanzaufbauende Wirkung und ist sehr gut verträglich. Ghee kann auf einfache Weise selbst hergestellt werden – genießen Sie den köstlichen Geschmack von Ghee und verwenden Sie es häufig. Gekühlt bleibt es mehrere Wochen lang haltbar.

Zutaten für den Vorrat:
500 g Süßrahmbutter

- Die Butter in kleine Stücke zerteilen und in einem Topf erhitzen, bis sie geschmolzen sind und sich Blasen bilden, die hörbar platzen. Dann auf kleinster Stufe, ohne Deckel, weiter köcheln lassen. Der dabei an der Oberfläche entstehende Schaum wird abgeschöpft.
- Ghee etwa 20 Min. weiter köcheln lassen, bis es klar, von einer goldgelben Farbe und der Topfgrund gut sichtbar ist. Dann sollte das Ghee sofort vom Herd genommen werden, da es andernfalls schnell anbrennen kann. Sobald das Ghee leicht abgekühlt ist, dieses durch einen kleinen Kaffeefilter mit einer großen Teefiltertüte in ein Glas mit verschließbarem Deckel gießen, in dem es aufgefangen und aufbewahrt werden kann. Kaffeefiltertüten sind meist zu grobporig dafür.

Das Ghee am besten in einem Topf mit dickwandigem Boden zubereiten, um ein Anbrennen zu vermeiden.

Geröstete Dinkelflocken mit Mandelblättchen

Nussig und erfrischend im Geschmack.

► 2 Portionen
vitalisierend und kräftigend
auch für unterwegs
⏲ 10 Min. + 5 Min. Garzeit

10 EL Dinkelfocken, Großblatt (ca. 80 g) · 1 Msp. Kakao · 1 TL Butter · 2 EL Mandelblättchen · 1 Birne · 1 Msp. Kardamom · 1 Msp. Cayennepfeffer · 1 Msp. Salz · 100 g Dickmilch

- Dinkelflocken in einen Topf geben, den Topf erhitzen und die Flocken darin für 3 Min. anrösten, Kakao einstreuen, Butter zugeben und mit den Dinkelflocken verrühren. Mandelblättchen für 2 Min. mitrösten. Den Topf auf der ausgeschalteten Herdplatte stehen lassen und gelegentlich umrühren.
- Birne waschen, entkernen, achteln, in dünne Stückchen schneiden und unter die Flocken heben. Kardamom, Cayennepfeffer und Salz einstreuen. Zum Schluss die Dickmilch unterrühren.
- Alles für 5 Min. durchziehen lassen.

► Variationen

Statt Birne kann süßer Apfel verwendet werden.
Die Mandelblättchen können durch gehackte Walnüsse und die Dickmilch durch Kefir/Schwedenmilch oder Buttermilch variiert werden.

FRÜHSTÜCKSVARIATIONEN

Süßer Reis mit Pfirsichen

Erdung für einen gelassenen Start in den Tag.

▶ 2 Portionen
vitalisierend und harmonisierend
auch für unterwegs
10 Min. + 40 Min. Garzeit
1 TL Ghee oder Butter · 150 g Vollkornrundkornreis · 2 EL Mandelblättchen · 1/4 TL Koriander · 1 Msp. Salz · 300 ml Wasser · abgeriebene Schale von 1/2 Zitrone · 1 Msp. Kurkuma · 2 Pfirsiche

- Ghee in einem Topf erhitzen, Reis für 5 Min. darin anrösten, Mandelblättchen für 2 Min. mitrösten, Koriander und Salz einstreuen, Wasser zugeben, alles kurz aufkochen und bei kleiner Hitze für 30 Min. garen.
- Zitronenschale zugeben und Kurkuma einstreuen. Die Pfirsiche waschen, entsteinen, klein schneiden und unter den Reis mischen. Alles nochmals bei geschlossenem Deckel für 5 Min. durchziehen lassen.

▶ Variation
Statt Pfirsichen können Aprikosen, Mirabellen oder Süßkirschen verwendet werden. Die Mandelblättchen können durch gehackte Walnüsse oder Haselnüsse variiert werden. Kurkuma kann durch Kakao ersetzt werden.

Flockenfrühstück hoch^2

Eine wohlschmeckende Mischung aus Hafer und Hirse, hitverdächtig.

▶ 2 Portionen
vitalisierend und harmonisierend
auch für unterwegs
10 Min. + 28 Min. Garzeit
1 TL Butter · 4 EL Hirseflocken · 4 EL Haferflocken (Kleinblatt) · 1/2 TL Zimt · 500 ml Wasser · 1 großer saurer Apfel · 1 Msp. Kaffee · 2 EL Rosinen · Sahne

- Die Butter in einen Topf geben, erhitzen, Hirseflocken, Haferflocken und Zimt einstreuen, für ca. 3 Min. leicht rösten, Wasser zugießen, alles kurz aufkochen lassen und für 20 Min. auf kleiner Hitze garen, zwischendurch ab und zu umrühren.
- In der Zwischenzeit den Apfel waschen, entkernen, vierteln, in dünne Stückchen schneiden und zu dem fertigen Brei geben. Kaffee einstreuen und Rosinen zugeben. Den Brei für 5 Min. auf ausgeschalteter, warmer Herdplatte durchziehen lassen. Zum Schluss nach Belieben Sahne zufügen.

▶ Variation
Statt saurem Apfel können Sie Beeren oder Sauerkirschen verwenden und Kaffee kann durch Kakao ersetzt werden. Die Flocken können auch ohne Butter angeröstet werden.

Haferporridge

Der süße, vitalisierende Klassiker! Besonders gut für Morgenmuffel.

▶ 2 Portionen
vitalisierend und harmonisierend
auch für unterwegs
5 Min. + 15 Min. Garzeit
200 ml Apfelsaft · 8 EL Haferflocken (ca. 70 g) · 2 Msp. Muskatnuss · 200 ml Wasser · 1 großer saurer Apfel · 1 Msp. Kakao · 2 EL Rosinen · Sahne

- Apfelsaft in einen Topf geben, erhitzen, Haferflocken und Muskatnuss einstreuen, Wasser zugießen, alles kurz aufkochen lassen und für 15 Min. auf kleiner Hitze garen, zwischendrin ab und zu umrühren.
- In der Zwischenzeit den Apfel waschen, entkernen, vierteln, in dünne Stückchen schneiden und zu dem fertigen Haferbrei geben. Kakao einstreuen und Rosinen zugeben. Den Haferbrei für 5 Min. auf ausgeschalteter, warmer Herdplatte durchziehen lassen. Zum Schluss nach Belieben Sahne zufügen.

▶ Variation
Statt saurem Apfel können Beeren oder Sauerkirschen verwendet werden. Apfelsaft kann durch Traubensaft ersetzt werden.

Körniges Hirsefrühstück mit Zwetschgen

Mild aromatisch im Geschmack.

▶ 2 Portionen

harmonisierend

auch für unterwegs

15 Min. + 28 Min. Garzeit

1 TL Ghee · 150 g Hirse · 3 Walnüsse · 2 Msp. Zimt · 2 Msp. Muskatnuss · 300 ml Wasser · 100 g Joghurt · 1 Msp. Kakao · ½ TL Honig · 12 Zwetschgen

- Ghee in einem Topf erhitzen, Hirse zufügen und für 3 Min. leicht rösten. Die Walnüsse klein hacken und zugeben. Zimt und Muskatnuss einstreuen und Wasser zugießen. Alles aufkochen und für 20 Min. auf kleinster Hitze garen.
- Joghurt unterrühren, Kakao einstreuen und Honig einrühren. Die Zwetschgen waschen, klein schneiden und unterheben. Alles nochmals 5 Min. auf ausgeschalteter, warmer Herdplatte durchziehen lassen.

▶ Variation

Statt Zwetschgen können auch Pflaumen, Mirabellen, Datteln, Aprikosen, Pfirsiche oder Süßkirschen verwendet werden. Walnüsse können durch Haselnüsse ersetzt werden.

Tipp

Ein vorgekochter Hafer- oder Hirse-Hafer-Brei, der am nächsten Tag nicht nur kurz erwärmt, sondern für etwa 10 Min. geköchelt wird, schmeckt besonders sämig. Dazu muss gewöhnlich noch etwas Wasser zugegeben werden, da die Flocken über Nacht nachquellen und somit Flüssigkeit aufsaugen.

Feines Amaranthfrühstück mit Safran

Etwas Besonderes (am Morgen).

▶ 2 Portionen
erfrischend und kräftigend
auch für unterwegs
15 Min. + 35 Min. Garzeit

100 g Amaranth · 4 Fäden Safran · 1 Msp. Nelkenpulver · 350 ml Wasser · 1 großer saurer Äpfel · 1 Msp. Kaffeepulver · 2 EL Rosinen · ½ TL Honig · Sahne

- Amaranth mehrmals gut mit heißem Wasser waschen, dann in einen Topf geben, Safran und Nelkenpulver einstreuen, Wasser zugießen, alles aufkochen und bei kleiner Hitze für 25 Min. garen.
- Den Apfel waschen, entkernen, vierteln, in dünne Scheiben schneiden und zum Amaranth geben. Kaffeepulver, Rosinen und Honig zugeben. Alles nochmals bei geschlossenem Deckel für 10 Min. durchziehen lassen. Nach Belieben zum Schluss etwas Sahne zugeben.

▶ Variation

Statt Amaranth kann Quinoa verwendet werden. Dann reichen 250 ml Wasser und 20-minütiges Garen aus. Statt eines sauren Apfels können Sie Beeren oder Sauerkirschen verwenden. Kaffee kann durch Kakao variiert werden.

Dinkelgrieß mit Möhren

Nicht nur als Frühstück beliebt!

▶ 2 Portionen
vitalisierend und kräftigend
auch für abends
10 Min. + 15 Min. Garzeit

2 mittelgroße Möhren · 250 ml Gemüsebrühe · 2 Msp. Muskatnuss · Salz · 50 g Dinkelgrieß · ¼ TL Paprika edelsüß · 1 TL Butter

- Möhren schälen oder mit einer Gemüsebürste säubern, waschen und in dünne Scheiben schneiden. Gemüsebrühe in einem Topf erhitzen, Möhren, Muskatnuss und Salz zugeben und für 7 Min. bei milder Hitze kochen.
- Dinkelgrieß nach und nach einrühren und alles unter Rühren zum Kochen bringen, Paprika und Butter zugeben und bei kleiner Hitze für ca. 8 Min. ausquellen lassen.

▶ Variation

Statt Möhren kann 1 kleine Fenchelknolle verwendet werden.

Tipp

Das Waschen von Amaranth ist aufgrund seiner kleinen Körnchenform recht aufwendig. Der gute Geschmack entlohnt jedoch dafür.

Geröstete Roggenflocken mit Walnüssen

Für Liebhaberinnen des herzhaften Frühstücks.

▶ 2 Portionen
harmonisierend
auch für abends
15 Min. + 10 Min. Garzeit

10 EL Roggenflocken (Großblatt, ca. 100 g) · 8 Walnüsse · 1 EL Walnüssöl · 2 Eier · 2 EL frischer Schnittlauch · ¼ TL Muskatnuss · Salz

- Roggenflocken in einen Topf geben, Walnüsse klein hacken und zugeben. Den Topf erhitzen und die Flocken zusammen mit den Nüssen unter Rühren für 3 Min. leicht anrösten.
- Den Topf von der Herdplatte nehmen und das Öl zugeben.
- Die Eier in eine Schüssel geben und verquirlen. Schnittlauch waschen, trocken schütteln, in kleine Röllchen schneiden und unter die Eier mischen. Muskatnuss und Salz unterrühren.
- Die Eimasse über die Roggenflocken gießen und auf kleinster Hitze für 7 Min. stocken lassen.

▶ Variation

Statt Schnittlauch kann Brunnenkresse verwendet werden.

▶ Geröstete Roggenflocken mit Walnüssen

Fruchtige Rote-Bete-Suppe mit Meerrettich

Geschmacklich und auch farblich ein Genuss.

▶ 2 x 2 Portionen
harmonisierend und kräftigend
auch für abends
15 Min. + 35 Min. Garzeit

3 mittelgroße Knollen Rote Bete (ca. 600 g) · 200 ml Apfelsaft · 1 TL Kreuzkümmel · 600 ml Wasser · 1 TL Zitronensaft · 1 Msp. Kaffee · 1 EL Butter · 2 TL fertiger Meerrettich (Glas) · Salz · saure Sahne

- Die Rote Bete schälen, in kleine Würfel schneiden und in einen großen Topf geben.
- Apfelsaft, Kreuzkümmel und Wasser zugeben. Alles zum Kochen bringen und für ca. 30 Min. köcheln, bis die Rote Bete weich sind. Das Gemüse pürieren, Zitronensaft, Kaffee, Butter, Meerrettich und Salz einrühren. Nochmals auf kleiner Hitze für 5 Min. durchziehen lassen.
- Nach Belieben zum Servieren jeweils 1 TL saure Sahne in die Teller geben.

▶ Variation

Bei der Verwendung von frischem Meerrettich wird ein geschältes Stück gerieben, das etwa 1 TL voll ergibt.

SUPPEN UND SALATE

Zucchini-Kartoffel-Suppe mit frischem Rosmarin

Wunderbar sämig und mild im Geschmack.

▶ 2 x 2 Portionen
erfrischend und vitalisierend
auch für abends
30 Min. + 30 Min. Garzeit

1 kleiner Zweig frischer Rosmarin · 1 EL Ghee oder Butter · 4 mittelgroße Kartoffeln · 1 l Gemüsebrühe · 4 kleine Zucchini · 3 Frühlingszwiebeln · 1 TL Senf · 2 Msp. Muskatnuss · Salz · ½ TL Zitronensaft

- Rosmarinzweig heiß abwaschen und in einen großen Topf geben. Ghee ebenfalls zugeben. Kartoffeln schälen und in kleine Würfel schneiden und für 5 Min. in dem Ghee dünsten.
- Gemüsebrühe über die Kartoffeln gießen, kurz aufkochen und bei geschlossenem Deckel in 20 Min. auf kleiner Hitze weich kochen.
- Die Zucchini waschen und raspeln. Die Frühlingszwiebeln putzen, waschen und in feine Ringe schneiden.
- Den Rosmarinzweig entnehmen. Weich gekochte Kartoffeln pürieren, Zucchini und Frühlingszwiebeln zufügen. Senf, Muskatnuss und Salz zugeben. Alles kurz aufkochen und für weiter 5 Min. köcheln. Zum Schluss den Zitronensaft einrühren.

▶ Variation

Statt Zucchini können Sie Stangensellerie, Blumenkohl oder Brokkoli verwenden. Bei der Verwendung von Brokkoli Rosmarin durch Thymian ersetzen.

Gersteneintopf mit allerlei Gemüse

Traditionelles in neuem, harmonisierendem und vitalisierendem Gewand.

▶ 2 × 2 Portionen
harmonisierend und vitalisierend
20 Min. + 50 Min. Garzeit

2 EL Butter · 1 Stange Sellerie · 3 mittelgroße Möhren · 4 mittelgroße Kartoffeln · 300 g Rindfleisch (Schulter) · 200 g Gerste, entspelzt · 1 große Stange Lauch · Salz · 1,5 l Wasser · 1 EL Zitronensaft · 1 TL Paprika edelsüß · 1 TL Rohrohrzucker · 2 TL fertiger Meerrettich (Glas) · ¼ TL schwarzer Pfeffer

- Butter in einen großen Topf geben. Die Selleriestange waschen, in dünne Scheiben schneiden und zufügen.
- Möhren und Kartoffeln schälen, in Würfel schneiden und in den Topf geben. Fleisch waschen und zugeben.
- Graupen zufügen, Lauch putzen, der Länge nach aufschneiden, waschen, in dünne Ringe schneiden und ebenfalls zugeben. Salz einstreuen und Wasser angießen. Alles zum Kochen bringen und für 45 Min. köcheln.
- Zitronensaft, Paprika, Zucker, Meerrettich und Pfeffer zugeben und alles bei kleiner Hitze für 5 Min. durchziehen lassen. Fleisch in Stücke schneiden und mitservieren.

▶ Variation

Bei der Verwendung von frischem Meerrettich wird ein geschältes Stück gerieben, das etwa 1 TL voll ergibt.

Cremige Lauch-Kartoffel-Suppe mit Walnüssen

Wohlschmeckend und wärmend gut.

▶ 2 × 2 Portionen
vitalisierend
auch für abends
20 Min. + 33 Min. Garzeit

1 EL Ghee oder Butter · 3 mittelgroße Kartoffeln (ca. 300 g) · 2 l Gemüsebrühe · 1 Lorbeerblatt · 2 Stangen Lauch · Salz · 1 TL Zitronensaft · 1 Msp. Kurkuma · 3 EL Walnüsse, gehackt · 2 Msp. Muskatnuss · ¼ TL schwarzer Pfeffer

- Ghee in einen großen Topf geben.
- Kartoffeln schälen und in kleine Würfel schneiden und für 5 Min. in dem Ghee dünsten.
- Gemüsebrühe über die Kartoffeln gießen, Lorbeerblatt zugeben, kurz aufkochen und bei geschlossenem Deckel in 20 Min. auf kleiner Hitze weich kochen.
- Währenddessen den Lauch putzen, der Länge nach aufschneiden, waschen und in dünne Ringe schneiden.
- Lorbeerblatt entnehmen und die weich gekochten Kartoffeln pürieren, danach den Lauch zufügen. Salz, Zitronensaft, Kurkuma, Walnüsse, Muskatnuss und schwarzen Pfeffer zugeben, kurz aufkochen lassen und bei milder Hitze für ca. 8 Min. weiterkochen, bis der Lauch weich ist.

▶ Variation

Statt Lauch können Sie auch Frühlingszwiebeln, an der Stelle von Paprika edelsüß Kurkuma verwenden und die Walnüsse durch Haselnüsse ersetzen.

Kräftigende Fleischbrühe

Kräftigende Basis für wohlschmeckende Suppen.

▶ Für 4 Liter

vitalisierend und kräftigend

40 Min. + 3 Std. Garzeit

3 mittelgroße Möhren · ½ Knollensellerie · 4 Blätter Weißkohl · 400 g Rindfleisch (Tafelspitz) · 2 Markknochen (Bio) · 1 Stange Lauch · 2 Zwiebeln · 2 Lorbeerblätter · ½ TL Salz · 5 l Wasser · 3 EL Dinkel · 5 Wacholderbeeren

- Das Gemüse putzen, gegebenenfalls schälen, waschen und in kleine Würfel beziehungsweise Scheiben (Weißkohl, Lauch) schneiden. Möhren, Sellerie, Weißkohl, Fleisch, Knochen und Lauch in einen großen Topf geben. Zwiebeln abziehen, achteln und ebenfalls zugeben. Lorbeerblätter zufügen, Salz einstreuen, Wasser zugießen, Dinkel und Wacholderbeeren zugeben, alles aufkochen und dann bei milder Hitze 3 Stunden kochen.
- Das Fleisch entnehmen und weiterverwenden (Tafelspitz, S. 110).
- Die Brühe durch ein Sieb gießen und die Gemüsereste, den Dinkel und die Knochen wegwerfen. Die Brühe, die nicht direkt verbraucht wird, kochend heiß in saubere, gut verschließbare Gläser oder Flaschen füllen. Gläser und Flaschen direkt nach dem Einfüllen auf den Kopf stellen und abkühlen lassen.
- Auf diese Weise kann die Fleischbrühe für mehrere Wochen kühl aufbewahrt und bei Bedarf verwendet werden. Beispielsweise als Grundlage für Suppen oder einfach mit einer Getreideeinlage wie Reis, Hirse oder Gerste.

▶ Variation

Statt Markknochen kann auch etwa 250 g mehr Fleisch verwendet werden.

Vitalisierende Gemüsebrühe

Vitalisierende Basis mit gutem Geschmack.

▶ Für 4 Liter

vitalisierend

auch für abends

25 Min. + 3 Std. Garzeit

3 mittelgroße Möhren · ¼ Knollensellerie · 1 kleine Stange Lauch · 2 Zwiebeln · 2 Lorbeerblätter · ½ TL Salz · 5 l Wasser

- Das Gemüse putzen, gegebenenfalls schälen, waschen und in kleine Würfel beziehungsweise Scheiben (Lauch) schneiden, siehe Foto Nr. 1.
- Der Reihenfolge nach in den Topf geben, siehe Foto Nr. 2. Zwiebeln abziehen, achteln und ebenfalls zugeben. Lorbeerblätter zufügen, Salz einstreuen, Wasser zugießen, alles aufkochen und dann bei milder Hitze 3 Stunden kochen.
- Nach Abschluss der Kochzeit die Brühe durch ein Sieb gießen und die festen Gemüsereste wegwerfen (Foto Nr. 3).
- Die Brühe, die nicht direkt verbraucht wird, kochend heiß in saubere, gut verschließbare Gläser oder Flaschen füllen. Gläser und Flaschen direkt nach dem Einfüllen auf den Kopf stellen und abkühlen lassen (Foto Nr. 4).
- Auf diese Weise kann die Gemüsebrühe für mehrere Wochen kühl aufbewahrt und bei Bedarf verwendet werden. Beispielsweise als Grundlage für Suppen oder einfach mit einer Getreideeinlage wie Reis, Hirse oder Gerste.

Tipp

Die Gemüsebrühe kann bis zu 6 Stunden gekocht werden. Je länger sie kocht, umso vitalisierender und schmackhafter wird sie.

So wird's gemacht: Vitalisierende Gemüsebrühe

1

2

3

4

Feine Spargelsuppe

Den Frühling mit frischem Spargel und jungen Kartoffeln hochleben lassen.

▶ 2 × 2 Portionen
erfrischend
auch für abends
25 Min. + 35 Min. Garzeit

500 g weißer Spargel · 1 TL Rohrohrzucker · 1 Nelke (ganz) · 1 l Wasser · Salz · 1 EL Ghee oder Butter · 3 mittelgroße Kartoffeln (ca. 300 g) · 1 l Spargelwasser · ¼ TL Muskatnuss · ½ TL Koriander · ¼ TL schwarzer Pfeffer · Salz

- Spargel schälen, in ca. 4 cm lange Stücke schneiden und in einen Topf geben. Zucker und Nelke zufügen, Wasser angießen und Salz einstreuen. Alles zum Kochen bringen und für ca. 15 Min. bei milder Hitze garen, bis der Spargel weich ist. Das Spargelwasser auffangen.
- Ghee in einen großen Topf geben. Kartoffeln schälen und in kleine Würfel schneiden und für 5 Min. in dem Ghee dünsten. Spargelwasser über die Kartoffeln gießen und bei geschlossenem Deckel in 15 Min. auf kleiner Hitze weich kochen.
- Weich gekochte Kartoffeln pürieren, danach die Spargelstücke zufügen. Muskatnuss, Koriander, Pfeffer und Salz zugeben, kurz aufkochen lassen und bei milder Hitze für ca. 5 Min. durchziehen lassen.

Würzig erfrischende Selleriesuppe

Knollensellerie – zu gut, um ihn nur als Suppenbeilage zu verwenden.

▶ 2 × 2 Portionen
erfrischend und vitalisierend
auch für abends
25 Min. + 35 Min. Garzeit
1 Sellerieknolle (ca. 1 kg) · 1 l Fleischbrühe · 1/4 TL Muskatnuss · Salz · 1 TL Weinessig · 1 TL Paprika edelsüß · 2 TL Honig · 2 Birnen · 2 TL fertiger Meerrettich (Glas) · Sahne

- Sellerie schälen und in kleine Würfel schneiden. Fleischbrühe in einem Topf erhitzen, Selleriewürfel zugeben, für 30 Min. garen und anschließend pürieren. Bei der Verwendung von selbst zubereiteter Fleischbrühe kann auch etwas Fleisch zugefügt werden.
- Muskatnuss, Salz, Weinessig, Paprika und Honig einrühren. Birnen schälen, halbieren, entkernen, fein reiben und zugeben. Zum Schluss den Meerrettich zufügen.
- Alles nochmals für 5 Min. köcheln lassen.
- Nach Belieben noch etwas Sahne zum Servieren in die gefüllten Teller geben.

▶ Variation
Bei der Verwendung von frischem Meerrettich wird ein geschältes Stück gerieben, das etwa 1 TL voll ergibt. Statt Fleischbrühe kann auch Gemüsebrühe verwendet werden.

Raffinierte rote Linsensuppe mit Fenchel

Einfach nur lecker!

▶ 2 × 2 Portionen
harmonisierend
15 Min. + 23 Min. Garzeit
1 EL Ghee oder Butter · 2 mittelgroße Fenchelknollen · 1 l Gemüsebrühe · 1/2 TL Kreuzkümmel · 1/4 TL schwarzer Pfeffer · 150 g rote Linsen · Salz · 1 TL Zitronensaft · 50 g Frischkäse

- Das Ghee in einen Topf geben. Den Fenchel putzen, waschen und in dünne Ringe schneiden. Das Ghee erhitzen, Fenchel zugeben und für 3 Min. andünsten. Danach mit Gemüsebrühe übergießen, Kreuzkümmel und Pfeffer zufügen. Rote Linsen waschen und ebenfalls zugeben.
- Alles aufkochen lassen und mit geschlossenem Deckel für 20 Min. auf kleiner Hitze kochen.
- Zum Schluss Salz, Zitronensaft und Frischkäse unterrühren.

▶ Variation
Der Fenchel kann durch Möhren oder Kartoffeln, jeweils ca. 500 g, variiert werden.

Feine Lachsforellensuppe mit Mandeln

Zarte Fischhappen in nussiger Fenchelgemüsesuppe.

▶ 2 × 2 Portionen
vitalisierend
auch für abends
20 Min. + 30 Min. Garzeit
3 mittelgroße Fenchelknollen · 2 EL Ghee oder Butter · 100 g Mandeln, gemahlen · 1 l Gemüsebrühe · 1/4 TL Garam Masala, mittelscharf · Salz · 300 g Lachsforellenfilet · 1/4 saurer Apfel

- Den Fenchel putzen, waschen und in dünne Ringe schneiden.
- Ghee in einen Topf geben und erhitzen, Mandeln für ca. 2 Min. unter Rühren leicht anrösten. Fenchel kurz andünsten, Gemüsebrühe zufügen, alles kurz aufkochen und für 15 Min. garen.
- In der Zwischenzeit das Fischfilet waschen und in ca. 3 cm große Stücke schneiden.
- Garam Masala und Salz in die Suppe einstreuen, Fischstücke zugeben, Apfelstück waschen, entkernen, fein reiben und zur Suppe geben. Alles für etwa 10 – 15 Min. bei milder Hitze ziehen lassen, bis der Fisch gar ist.

Wintergemüseeintopf mit Spitzkohl und Räuchertofu

Erinnert an Großmutters Eintopf – und schmeckt noch besser.

▶ 2 × 2 Portionen

vitalisierend und kräftigend

20 Min. + 35 Min. Garzeit

3 mittelgroße Möhren · 3 mittelgroße Kartoffeln · ½ kleiner Spitzkohl · 100 g Hirse · ½ TL schwarzer Pfeffer · 1,5 l Wasser · Salz · 100 g Räuchertofu · 2 EL frische Petersilie · 1 TL Paprika edelsüß · 2 EL Butter · ¼ TL Muskatnuss

- Die Möhren schälen oder mit der Gemüsebürste putzen, in Scheiben schneiden und in einen großen Topf geben. Die Kartoffeln schälen, würfeln und zugeben. Den Strunk und die äußeren Blätter vom Spitzkohl entfernen, Kohl waschen, in dünne Streifen hobeln oder schneiden und den Kohl ebenfalls in den Topf geben. Die Hirse waschen und zufügen. Wasser angießen, Salz einstreuen, alles kurz zum Kochen bringen und bei milder Hitzezufuhr 20 Min. garen.
- In der Zwischenzeit den Räuchertofu in kleine Würfel schneiden, nach 20 Min. zugeben und für 10 Min. mitkochen lassen. Dann die Petersilie waschen, trocken schütteln, klein hacken und in die Suppe geben. Paprika einstreuen, Butter und Muskatnuss zugeben. Alles nochmals für 5 Min. bei kleiner Hitze durchziehen lassen.

▶ Variation

Spitzkohl kann durch Weißkohl und Räuchertofu durch geräucherten Schinken ersetzt werden.

Feine Kartoffelsuppe mit Staudensellerie

Kartoffeln und Sellerie ergänzen sich hier auf besonders wohlschmeckende Weise.

▶ 2 × 2 Portionen

vitalisierend und erfrischend

auch für abends

25 Min. + 25 Min. Garzeit

4 mittelgroße Kartoffeln (ca. 500 g) · 1,2 l Gemüsebrühe · 1 Lorbeerblatt · Salz · 1 EL Ghee oder Butter · 3 Stangen Staudensellerie (ca. 250 g) · ¼ TL schwarzer Pfeffer · ¼ TL Muskatnuss · Salz · 3 EL Wasser · 1 EL frische Petersilie · 1 TL Zitronensaft · 2 Msp. Kurkuma

- Kartoffeln schälen, in kleine Würfel schneiden und in einen Topf geben. Gemüsebrühe zugießen, Lorbeerblatt und Salz zugeben. Alles zum Kochen bringen und für ca. 20 Min. garen, bis die Kartoffeln weich sind. Danach die Kartoffeln pürieren.
- In der Zwischenzeit das Ghee in einen Topf geben, die Selleriestangen putzen, waschen und in dünne Scheiben schneiden. Ghee erhitzen, die Selleriescheiben zugeben und für 5 Min. unter Rühren dünsten. Pfeffer, Muskatnuss und Salz einstreuen sowie Wasser zugeben. Auf kleiner Hitze für weitere 10 Min. dünsten. Dann die Petersilie waschen, putzen, fein hacken und zugeben. Zitronensaft zufügen und Kurkuma einstreuen.
- Den Staudensellerie in die Kartoffelbrühe geben und alles auf kleiner Hitze für 5 Min. durchziehen lassen.

Goldgelbe Möhrensuppe mit Ingwer

Darüber freuen sich Gaumen und Augen.

▶ 2 × 2 Portionen
vitalisierend
auch für abends
15 Min. + 20 Min. Garzeit

800 g Möhren (ca. 12 mittelgroße) · 1 TL Honig · 2 Msp. Muskatnuss · 1 l Wasser · Salz · abgeriebene Schale von ½ Zitrone · ½ TL Kurkuma · 2 EL Butter · 1 Stück Ingwer (2 cm)

- Die Möhren schälen oder mit der Gemüsebürste putzen, in Scheiben schneiden und in einen großen Topf geben. Honig, Muskatnuss, Wasser und Salz zufügen. Alles zum Kochen bringen und für ca. 15 Min. auf niederer Temperatur weich kochen. Danach mit einem Pürierstab pürieren.
- Die Zitronenschale, das Kurkuma und die Butter zugeben, den Ingwer schälen, fein reiben und unterrühren. Alles erneut erhitzen und auf kleinster Flamme nochmals 5 Min. kochen.

Tipp

Falls die Möhren nicht besonders geschmacksintensiv sein sollten, 1 TL gekörnte Gemüsebrühe zu den Möhren geben.

Pastinaken-Möhren-Suppe mit Dill

Eine Gemüsesuppe mit ungewöhnlicher und sehr schmackhafter Note.

▶ 2 × 2 Portionen
vitalisierend
auch für abends
20 Min. + 35 Min. Garzeit

2 EL Ghee oder Butter · 2 mittelgroße Pastinaken (ca. 300 g) · 5 große Möhren (ca. 500 g) · 1,2 l Gemüsebrühe · 1/4 TL Muskatnuss · 1/4 TL schwarzer Pfeffer · 2 EL frischer oder getrockneter (1 EL) Dill · Salz

- Das Ghee in einen großen Topf geben, die Pastinaken und die Möhren schälen oder mit der Gemüsebürste putzen und in Scheiben schneiden.
- Zuerst die Pastinaken und dann die Möhren zugeben. Die Gemüsebrühe zugießen, alles kurz aufkochen lassen und für 30 Min. köcheln.
- Das Gemüse pürieren, Muskatnuss und Pfeffer einstreuen. Dill waschen, trocken schütteln, klein hacken und zugeben. Das Salz einstreuen, alles nochmals für 5 Min. bei kleiner Hitze durchziehen lassen.

Cremige Steckrübensuppe mit Brauwasser

Eine außergewöhnliche Suppe, die selbst Weintrinker begeistert.

▶ 2 × 2 Portionen
vitalisierend
auch für abends
30 Min. + 25 Min. Garzeit

2 EL Ghee oder Olivenöl · 1 große Zwiebel · 2 mittelgroße Kartoffeln · 1 kleine Steckrübe (ca. 500 g) · 1/2 TL schwarzer Pfeffer · 1 TL scharfer Senf · Salz · 750 ml Wasser · 1 TL Apfelessig · 150 ml Bier (Pils oder Export)

- Ghee in einen großen Topf geben. Zwiebel abziehen und würfeln. Kartoffeln und Steckrübe schälen und in kleine Würfel schneiden. Ghee erhitzen, die Zwiebeln für 3 Min. darin anbraten, Kartoffeln zugeben und kurz mitdünsten, Steckrübe zufügen und ebenfalls kurz mitdünsten, Pfeffer, Senf, Salz zugeben und zum Schluss das Wasser angießen. Alles kurz aufkochen lassen und für 20 Min. garen, anschließend pürieren.
- Apfelessig und Bier zufügen und alles bei milder Temperatur für 5 Min. durchziehen lassen.

▶ Variation

Statt regulärem Bier kann auch alkoholfreies verwendet werden.

Bunter Wirsingeintopf mit Ziegenfrischkäse

Dieser leckere Eintopf bringt Wärme und Farbe in die kalte Jahreszeit.

▶ 2 × 2 Portionen
vitalisierend
30 Min. + 25 Min. Garzeit

1/4 Sellerieknolle · 2 mittelgroße Möhren · 2 mittelgroße Kartoffeln · 1 kleiner Wirsing · 1 große Zwiebel · 1 TL Kreuzkümmel · 1/2 TL schwarzer Pfeffer · 1/4 TL Muskatnuss · 1,5 l Wasser · Salz · 1 TL Apfelessig · 100 g Ziegenfrischkäse · 1 EL Butter

- Sellerie, Möhren und Kartoffeln schälen, klein raspeln und in einen großen Topf geben.
- Den Strunk und die äußeren Schalen des Wirsings entfernen, Wirsing waschen, halbieren und in dünne Streifen hobeln oder schneiden und ebenfalls in den Topf geben.
- Zwiebel abziehen und zufügen. Kreuzkümmel, Pfeffer, Muskatnuss einstreuen, Wasser angießen und Salz zufügen. Alles aufkochen und für 20 Min. köcheln lassen.
- Apfelessig, Frischkäse und Butter unterrühren und nochmals bei milder Hitze für 5 Min. durchziehen lassen.

▶ Variation

Kreuzkümmel kann durch Kümmel und Ziegenfrischkäse durch Schafsfrischkäse ersetzt werden.

Schwarzer Bohneneintopf mit Fenchel-Möhren-Gemüse

Dieser kräftigende vegetarische Bohneneintopf ist genau das Richtige für die kalte Jahreszeit.

▶ 2 × 2 Portionen
kräftigend
25 Min. + 65 Min. Garzeit

- 200 g schwarze Bohnen
- 1 Lorbeerblatt
- 1,5 l Wasser
- abgeriebene Schale von 1 Zitrone
- 1 EL frischer oder getrockneter (1 TL) Salbei
- ½ kleiner Weißkohl
- 1 große Fenchelknolle
- 5 mittelgroße Möhren
- 3 EL Butter
- 2 TL Kreuzkümmel
- ½ TL schwarzer Pfeffer
- Salz
- 1 EL Zitronensaft
- 1 Bund frische Petersilie

- Schwarze Bohnen über Nacht oder für 10 – 12 Stunden tagsüber in der etwa 4-fachen Menge Wasser einweichen. Einweichwasser wegschütten und Bohnen mit kaltem Wasser abspülen.
- Die Bohnen in einen großen Topf geben. Das Lorbeerblatt ebenfalls zufügen. Wasser angießen, alles zum Kochen bringen und für 30 Min. auf mittlerer Hitze köcheln.
- Zitronenschale und den Salbei zu den fertigen Bohnen geben.
- In der Zwischenzeit die äußeren Blätter des Weißkohls entfernen, den Kohl waschen, halbieren, den Strunk entfernen und eine Hälfte mit einem Hobel oder einem Messer zu dünnen Streifen zerkleinern. Den Fenchel waschen, putzen und in dünne Streifen schneiden. Die Möhren schälen oder mit der Gemüsebürste säubern und in Scheiben schneiden.
- Weißkohl, Fenchel und Möhren in den Topf zu den Bohnen geben. Butter zufügen, Kreuzkümmel und Pfeffer einstreuen, alles zum Kochen bringen und nochmals 30 Min. kochen lassen. Salz und danach den Zitronensaft zugeben und für 5 Min. durchziehen lassen. Dann die Petersilie waschen, trocken schütteln, putzen, klein hacken und zugeben.

▶ Variation

Statt schwarze Bohnen können Sie auch weiße Bohnen – optisch die schönere Variante – verwenden. Weißkohl kann durch Spitzkohl ersetzt werden und Kreuzkümmel durch Kümmelsamen.

Tipp

Die schnelle Einweichmethode für Hülsenfrüchte ist auf S. 37 beschrieben.

Kichererbsensuppe mit Kokosmilch

Diese ausgefallene Suppe schmeckt nicht nur in der kalten Jahreszeit.

▶ 2 × 2 Portionen
vitalisierend und kräftigend
30 Min. + 100 Min. Garzeit
250 g Kichererbsen · 1 Lorbeerblatt · 1 l Wasser · Salz · 2 EL Olivenöl · 1 Zwiebel · ¼ TL Muskatnuss · Salz · 1 EL Apfelessig · 8 Blätter frischer Salbei · 150 g Kokosmilch

- Kichererbsen über Nacht oder für 10–12 Stunden tagsüber in der etwa 4-fachen Menge Wasser einweichen. Einweichwasser wegschütten und Kichererbsen kalt abspülen. Kichererbsen und Lorbeerblatt in einen Topf geben, Wasser zugießen, zum Kochen bringen und für ca. 90 Min. köcheln, bis die Kichererbsen weich sind. Etwa 10 Min. vor Ende der Kochzeit das Salz zugeben. Ein Drittel der Kichererbsen aus dem Topf nehmen, in eine Schüssel geben, pürieren und wieder in den Topf geben.
- Das Olivenöl in eine Pfanne geben, Zwiebel abziehen und würfeln. Das Öl erhitzen, Zwiebel für 3 Min. anbraten, Muskatnuss und Salz zufügen und danach zu den Kichererbsen geben. Apfelessig zufügen, Salbeiblätter waschen, trocken schütteln, fein hacken und ebenfalls zugeben. Die Kokosmilch einrühren, alles zum Kochen bringen und auf milder Hitze für 10 Min. kochen.

Brokkolicremesuppe mit Grünkern

Mild-cremige Gemüsesuppe mit würzig-kerniger Note.

▶ 2 × 2 Portionen
harmonisierend
auch für abends
20 Min. + 50 Min. Garzeit
1 Zwiebel · 1 l Wasser · 50 g Grünkern · 1 Msp. Kakao · 500 g Brokkoli · ½ TL weißer Pfeffer · Salz · 1 EL Zitronensaft · 1 Msp. Kakao · 2 EL Butter

- Die Zwiebel abziehen, vierteln und in einen großen Topf geben. Wasser zugießen, Grünkern und Kakao zugeben. Alles aufkochen und für 20 Min. köcheln.
- In der Zwischenzeit den Brokkoli putzen, waschen, den Strunk von den Röschen trennen und den Strunk klein schneiden. Die Strunkstücke in den Topf mit dem gekochten Grünkern geben, kurz aufkochen lassen und für weitere 10 Min. mitgaren. Dann die Brokkoliröschen zugeben und nochmals 15 Min. garen, bis alle Zutaten weich sind.
- Die Suppe pürieren, Pfeffer, Salz, Zitronensaft, Kakao und Butter zugeben, wieder kurz aufkochen und alles nochmals für 5 Min. bei milder Temperatur durchziehen lassen.

▶ Variation
Statt Grünkern kann auch Dinkel verwendet werden.

Fruchtige Kürbissuppe

Köstlicher Klassiker, immer wieder gut!

▶ 2 × 2 Portionen
vitalisierend und kräftigend
auch für abends
25 Min. + 25 Min. Garzeit
1 kleiner Hokkaido (ca. 1200 g mit Kernen) · 2 EL Ghee · 1 große Zwiebel · 1 l Gemüsebrühe · 1 Stück Ingwer (ca. 3 cm) · ¼ TL Garam Masala, mittelscharf · Salz · 1 TL Balsamicoessig · 1 TL Honig

- Den Kürbis in der Mitte teilen, mit einem Löffel die Kerne vollständig herauskratzen, anschließend den Kürbis waschen und in Würfel schneiden.
- Das Ghee in einen Topf geben, die Zwiebeln abziehen und würfeln, das Ghee erhitzen, Zwiebeln zugeben und für 3 Min. anbraten. Den Kürbis für weitere 2 Min. mit anbraten, dann die Gemüsebrühe angießen.
- Ingwer schälen, fein reiben und zugeben. Garam Masala, Salz, Balsamicoessig und Honig zufügen. Alles kurz aufkochen und für ca. 20–25 Min. köcheln, bis der Kürbis weich ist.
- Die Suppe anschließend pürieren.

▶ Kichererbsensuppe mit Kokosmilch.

Feldsalat mit gebackenem Ziegenkäse

Eine köstliche Kombination aus frischem Salat und mildem Käse.

▶ 2 Portionen
erfrischend und harmonisierend
⏲ 15 Min. + 5 Min. Garzeit
2 EL Olivenöl · ½ TL Senf · ½ TL Koriander · Salz · 100 g Feldsalat · ½ TL Ghee oder Butter · 2 runde Ziegenfrischkäse (à 50 g)

- Olivenöl, Senf, Koriander, Salz und Essig in eine Salatschüssel geben und gut verrühren.
- Den Salat putzen, waschen, trocken schwenken und in die Salatschüssel geben.
- Ghee in eine Pfanne geben, erhitzen und den Ziegenkäse für 5 Min. darin backen. Den Salat unter die Sauce heben auf zwei Teller verteilen und den Ziegenkäse darauflegen.

▶ Das passt dazu
Gründkernrisotto mit Champignons (S. 85), Hokkaidowürfel aus dem Backofen (S. 77), Sesamkartoffeln (S. 71) oder Herzhafte Möhrenmuffins (S. 122).

Eichblattsalat mit Birnensauce

Erfrischender Blattsalat in köstlicher, fruchtig-würziger Sauce.

▶ 2 Portionen

erfrischend

15 Min. + 3 Min. Garzeit

2 EL Olivenöl · 2 EL Sahne · 1 reife (rote) Birne · ½ TL Koriander · Salz · 1 EL Balsamicoessig · 2 Msp. Paprika edelsüß · 1 kleiner Eichblattsalat · 2 EL Sonnenblumenkerne

- Olivenöl und Sahne in eine Salatschüssel geben. Die Birne mit Schale fein reiben und zugeben. Koriander, Salz, Balsamicoessig und Paprika einrühren.
- Den Salat putzen, waschen, trocken schwenken, in die Salatschüssel geben und unterheben.
- Die Sonnenblumenkerne in einer Pfanne für 3 Min. rösten und über den Salat streuen.

Tipp

Mit einer roten Birne sieht der Salat besonders schön aus.

▶ Das passt dazu

Nussige Champignon-Tarte (S. 67), Sesamkartoffeln (S. 71), Milde Polenta-Fenchel-Lasagne (S. 90), Zartes Rinderfilet (S. 111) oder Seezunge auf würzigem Stangenselleriegemüse (S. 106).

Gurkensalat mit Leinöl-Senf-Sauce

Ein Genuss in der heißen Jahreszeit.

▶ 2 Portionen

erfrischend

8 Min.

1 Schlangengurke · 2 EL Leinöl · 3 EL Sahne · 2 EL frischer oder getrockneter (1 EL) Dill · ½ TL Senf · Salz · 1 EL Apfelessig · ¼ TL Paprika edelsüß

- Die Gurke schälen und mit einem Hobel in feine Scheiben hobeln.
- Leinöl und Sahne in eine Salatschüssel geben. Den Dill waschen, trocken schütteln, klein hacken und ebenfalls zugeben. Senf unterrühren, Salz, Apfelessig und Paprika zugeben.
- Alles nochmals gut verrühren und dann die Gurkenscheiben mit der Sauce vermischen.

Tipp

Das Leinöl sollte unbedingt frisch sein. Andernfalls kann es einen unangenehm bitteren Geschmack haben. Geöffnete Leinölflaschen immer im Kühlschrank aufbewahren.

▶ Das passt dazu

Goldgelbe Polenta mit Schafskäse (S. 91), Knusprige Quinoa-Hirse-Küchlein (S. 94) oder Goldgelbe Tofuwürfel im Sesammantel (S. 99).

Tomatensalat mit frischer Minze

Eine Mischung an geschmacklicher und farblicher Frische.

▶ 2 Portionen

erfrischend

8 Min.

1 EL Balsamicoessig dunkel · ¼ TL Paprika edelsüß · 2 EL Olivenöl · ½ TL Kreuzkümmel · Salz · 4 mittelgroße Tomaten · 10 Blätter frische Minze

- Den Essig in eine Salatschüssel geben, Paprika, Olivenöl, Kreuzkümmel und Salz zufügen und gut verrühren.
- Die Tomaten waschen, den Strunk entfernen, Tomaten achteln und in die Schüssel geben. Minze waschen, trocken schütteln, klein zupfen und mit den restlichen Zutaten vermischen.

▶ Variation

Die Minze kann durch 1 EL Schnittlauchröllchen ersetzt werden.

▶ Das passt dazu

Sesamkartoffeln (S. 71), Milde Polenta-Fenchel-Lasagne (S. 90), Hähnchenbrustfilet mit Honig-Sprossen-Gemüse (S. 107).

Rotes Paprikagemüse mit Salbei

So köstlich kann die einfache Gemüseküche sein.

▶ 2 Portionen

erfrischend und harmonisierend

auch für abends

10 Min. + 10 Min. Garzeit

1 EL Ghee oder Butter · 3 kleine rote Paprikaschoten (ca. 450 g) · 1 Knoblauchzehe · Salz · 1 EL Weißwein · 6 Blätter frischer oder getrockneter (3 Blätter) Salbei

- Das Ghee in einen Topf geben. Die Paprikaschoten vom Stielansatz und den Samenkernen befreien, waschen und in dünne Streifen schneiden. Den Topf erhitzen, die Paprikaschoten zugeben und kurz anbraten, die Knoblauchzehe abziehen, klein schneiden oder pressen und ebenfalls mit anbraten.
- Nach ca. 3 Minuten Salz und Weißwein zugeben und auf kleiner Flamme für weitere 7 Minuten dünsten. Den Salbei waschen, klein zupfen und unterrühren.

▶ Variation

Der Weißwein kann durch 2 EL Kirschsaft ersetzt werden. Statt roter Paprika können auch gelbe verwendet werden.

▶ Das passt dazu

Nussige Champignon-Tarte (S. 67), Linsenfladen mit bunter Gemüsefüllung (S. 98), Rinderlende in würziger Biersauce (S. 110) oder einfach Vollkornreis (S. 34), Hirse (S. 33) oder Hafer (S. 33) mit etwas Butter.

BUNTE GEMÜSE- UND KARTOFFELGERICHTE

Kürbisflan

Kommt bei Gästen immer gut an. Einfach lecker!

▶ 8 Stück
vitalisierend und kräftigend
auch für unterwegs
45 Min. + 30 Min. Garzeit
+ 55 Min. Backzeit

170 g Dinkelmehl (1050)
50 g Joghurt
1 Ei
1 EL Olivenöl
1 Msp. Kardamom
1 Msp. Salz
1 kleiner Hokkaidokürbis (ca. 1000 g mit Kernen)
2 EL Ghee
2 Zwiebeln
2 Eier
100 g Frischkäse
¼ TL Garam Masala, mittelscharf
1 TL Kreuzkümmel
2 EL Schnittlauch
Salz

- Das Dinkelmehl in eine Rührschüssel geben, Joghurt, Ei, Olivenöl, Kardamom und Salz zufügen und alles zu einem Teig verkneten. Sofern der Teig noch zu trocken sein sollte, tropfenweise kaltes Wasser zugeben und unterkneten.
- Eine Quicheform leicht mit Butter einfetten, den fertigen Teig in die Form geben, mit den Händen auseinanderdrücken, bis der Boden gleichmäßig und möglichst dünn bedeckt und ein ca. 2 cm hoher Rand geformt ist. Mit der Gabel den Teigboden gleichmäßig einstechen.
- Den Teigboden im vorgeheizten Backofen für 15 Min. bei 200 Grad (Umluft 180 Grad) vorbacken.
- In der Zwischenzeit den Kürbis in der Mitte teilen, mit einem Löffel die Kerne herauskratzen, anschließend den Kürbis waschen und in kleine Würfel schneiden.
- Das Ghee in einen Topf geben. Die Zwiebeln abziehen und würfeln, das Ghee erhitzen, Zwiebeln zugeben und für 3 Min. anbraten. Den Kürbis für weitere 2 Min. mit anbraten, dann auf kleiner Hitze bei geschlossenem Deckel für ca. 20–25 Min. dünsten, bis der Kürbis weich ist. Zwischendurch umrühren! Die fertige Kürbis-Zwiebel-Masse pürieren. Etwas abkühlen lassen, dann Eier, Frischkäse, Garam Masala und Kreuzkümmel zugeben. Den Schnittlauch waschen, in Röllchen schneiden und ebenfalls untermischen. Zum Schluss das Salz zufügen, alles miteinander verrühren und anschließend gleichmäßig auf dem vorgebackenen Teigboden verteilen.
- Im vorgeheizten Backofen bei 200 Grad (Umluft 180 Grad) für ca. 40 Min. backen, bis die Füllung fest ist.

Nussige Champignon-Tarte

Die besondere Tarte für den besonderen Anlass.

- Den Dinkelzwieback in eine Schüssel fein zerbröseln. Dann Kaffee, Haselnüsse, Butter und Ei zugeben. Die Zwiebel abziehen, sehr fein würfeln und ebenfalls zufügen. Garam Masala und Salz einstreuen und alles gut miteinander zu einem leicht bröseligen Teig vermengen.
- Den Teig gleichmäßig in einer leicht gefetteten Quicheform (ca. 26 cm Durchmesser) verteilen und einen etwa fingerbreiten Rand formen. Den Tarteboden für 20 Min. im vorgeheizten Backofen bei 200 Grad (Umluft 180 Grad) auf der mittleren Schiene goldbraun backen und dann wieder aus dem Ofen herausnehmen und etwas abkühlen lassen.
- In der Zwischenzeit die Champignons waschen und in Scheiben schneiden. Ghee in eine Pfanne geben und erhitzen. Die Champignons zugeben und für 10 Min. bei geschlossenem Deckel dünsten. Entstandene Flüssigkeit abgießen.
- Den Schnittlauch waschen, trocken schütteln, in feine Röllchen schneiden und zufügen. Pfeffer und Salz einstreuen und alles gut miteinander mischen.
- Die fertigen Champignons auf dem vorgebackenen Teigboden verteilen.
- Salz, saure Sahne und Paprika gut miteinander verrühren und gleichmäßig über den Pilzen verteilen.
- Die Tarte für ca. 20 Min. im vorgeheizten Backofen bei 180 Grad (Umluft 160 Grad) backen.

▶ 8 Stück

harmonisierend und kräftigend

auch für unterwegs

40 Min. + 10 Min. Garzeit + 40 Min. Backzeit

- 6 Dinkelzwieback
- 1 Msp. Kaffee
- 70 g Haselnüsse gemahlen
- 80 g weiche Butter
- 1 Ei
- 1 kleine Zwiebel
- 1/4 TL Garam Masala, mittelscharf
- Salz
- 500 g Champignons
- 2 EL Ghee oder Butter
- 1 EL frischer Schnittlauch
- 1/4 TL schwarzer Pfeffer
- 200 g saure Sahne
- 1 TL Paprika edelsüß

▶ Variation

Die Haselnüsse können auch durch gemahlene Mandeln ersetzt werden.

▶ Das passt dazu

Eichblattsalat mit Birnensauce (S. 63), Herzhaft-fruchtiger Brokkoli mit gerösteten Mandeln (S. 71), Hirse in Rotkohlröllchen (S. 87) oder Rotes Paprikagemüse mit Salbei (S. 64).

Tipp

Die Tarte vor dem Anschneiden etwas stehen lassen, dann lässt sie sich besser schneiden.

Würziges Blumenkohlgemüse

Wohlschmeckend einfach!

▶ 2 × 2 Portionen
harmonisierend
auch für abends
15 Min. + 20 Min. Garzeit
1 kleiner Blumenkohl · 1 EL Olivenöl · 1 Knoblauchzehe · 1 TL Koriander · 1 Kardamomkapsel · Salz · 5 EL Weißwein · ¼ TL Kurkuma · 1 EL Butter

- Den Blumenkohl putzen, waschen und in kleine Röschen zerteilen.
- Olivenöl in einen Topf geben und erhitzen, Knoblauchzehe abziehen und zugeben, Koriander einstreuen, beides kurz anrösten, dann die Kardamomkapsel zufügen, Salz, Weißwein und Kurkuma zugeben. Die Blumenkohlröschen in den Topf geben, kurz aufkochen lassen und bei milder Hitze für etwa 15–20 Min. garen, bis der Blumenkohl weich ist. Am Schluss etwas Butter zu dem Gemüse geben.

▶ Variation
Statt Weißwein kann 1 EL Weinessig verwendet werden.

▶ Das passt dazu
Haferpilaw mit Datteln (S. 84), Knusprige Quinoa-Hirse-Küchlein (S. 94), Nussige Hähnchenkeule mit Meerrettichsauce (S. 106) oder Rinderlende in würziger Biersauce (S. 110).

Zarter Kohlrabi mit frischem Dill

Leckere Knolle und äußerst leckere Zubereitung.

▶ 2 Portionen
harmonisierend
auch für abends
15 Min. + 20 Min. Garzeit
1 EL Ghee oder Butter · 2 mittelgroße Kohlrabi (ca. 500 g) · ¼ TL schwarzer Pfeffer · 2 EL Wasser · Salz · 1 TL Erdbeermarmelade · ½ TL Paprika edelsüß · 4 EL Sahne · 1 EL frischer Dill

- Das Ghee in einen Topf geben. Kohlrabi schälen, vierteln und in dünne Scheiben hobeln oder schneiden. Ghee erhitzen und Kohlrabi für 3 Min. darin andünsten. Pfeffer, Wasser, Salz zugeben und bei milder Hitze für 15 Min. garen, bis der Kohlrabi weich ist.
- Erdbeermarmelade, Paprika und Sahne zugeben. Dill putzen, waschen, trocken schütteln, fein hacken und ebenfalls zugeben. Alles gut miteinander mischen und nochmals 2 Min. auf ausgeschalteter Herdplatte durchziehen lassen.

▶ Variation
Die Erdbeermarmelade kann durch Brombeer- oder Sauerkirschmarmelade ersetzt werden.

▶ Das passt dazu
Goldgelbe Polenta mit Schafskäse (S. 91) oder einfach Hirse (S. 33) oder Reis (S. 34).

Mediterraner Kartoffelsalat

Der Süden lässt auf schmackhafte Weise grüßen.

▶ 2 Portionen
vitalisierend
auch für unterwegs
20 Min. + 20 Min. Garzeit
4 große fest kochende Kartoffeln · 5 EL Apfelsaft · 3 EL Olivenöl · 2 EL frischer Dill · 1 TL scharfer Senf · Salz · ½ Zitrone · 50 g schwarze Oliven ohne Kern

- Die Kartoffeln waschen und in einem Topf mit kochendem Wasser für etwa 20 Min. garen. Kartoffeln etwas abkühlen lassen, pellen, halbieren und die Hälften in Scheiben schneiden.
- In der Zwischenzeit Apfelsaft und Olivenöl in eine kleine Schüssel geben. Dill putzen, waschen, trocken schütteln, klein hacken und ebenfalls zugeben. Senf und Salz unterrühren. Die Hälfte der Schale einer Zitrone abreiben, den Saft ausdrücken und beides in die Sauce einrühren. Die Oliven in dünne Ringe schneiden, zugeben und alles gut miteinander vermischen.
- Die warmen Kartoffelstücke in eine Salatschüssel geben, die Sauce darübergießen und vorsichtig miteinander mischen. Warm oder kalt servieren.

▶ Das passt dazu
Schweinefilet mit Mandelsauce (S. 111).

▶ Mediterraner Kartoffelsalat

Scharfes Gemüsecurry mit Kartoffeln und Fenchel

Auch als milde Variante sehr köstlich und ebenso einfach zuzubereiten.

▶ 2 Portionen
vitalisierend
auch für abends
20 Min. + 23 Min. Garzeit

4 mittelgroße Kartoffeln · 2 EL Ghee oder Butter · 1 Zwiebel · 1 Stück Ingwer (ca. 1 cm) · 1 Msp. Garam Masala, mittelscharf · ½ TL Kreuzkümmel · 100 ml Wasser · Salz · 1 TL Zitronensaft · ½ TL Kurkuma · 1 mittelgroße Fenchelknolle · 15 Blätter frische oder getrocknete (8 Blätter) Minze

- Die Kartoffeln schälen und in große Würfel schneiden. Das Ghee in einen Topf geben. Die Zwiebel abziehen und würfeln, den Ingwer schälen und fein reiben. Das Ghee erhitzen, die Zwiebeln für 3 Min. darin anbraten, Ingwer zugeben und kurz mit anrösten. Die Kartoffeln, Garam Masala und Kreuzkümmel in den Topf geben und mit dem Rest vermischen. Das Wasser darübergießen, Salz einstreuen, Zitronensaft und Kurkuma zugeben. Alles kurz aufkochen und bei milder Hitze 5 Min. kochen.
- Den Fenchel waschen, putzen und in dünne Streifen schneiden, zu den Kartoffeln geben, nochmals aufkochen lassen und bei niedriger Hitze für weitere 15 Min. kochen.
- Die Pfefferminzblätter waschen, trocken schütteln, klein zupfen und zum Schluss unterrühren.

▶ Variation
Der Zitronensaft kann durch 1 EL Weißwein ersetzt werden. Statt der Fenchelknolle kann Kürbis (ca. 250 g) verwendet werden.

▶ Das passt dazu
Goldgelbe Tofuwürfel im Sesammantel (S. 99), Linsenfladen mit bunter Gemüsefüllung (S. 98) oder einfach Hirse (S. 33) oder Couscous.

Tipp
Für ein mildes Gemüsegericht den Ingwer weglassen.

Herbstliches Rotkohlgemüse mit Maronen

Der Klassiker, verfeinert mit Maronen. Schmeckt nicht nur an Festtagen feierlich gut (und nicht nur im Herbst).

▶ 2 Portionen
vitalisierend und kräftigend
auch für abends
40 Min. + 50 Min. Kochzeit + 20 Min. Backzeit

1 kleiner Rotkohl (ca. 800 g) · 1 große Zwiebel · 4 Nelken ganz · Salz · 200 ml Wasser · 1 großer saurer Apfel · 1 Msp. Paprika edelsüß · 1 EL Rohrohrzucker · 2 EL Butter · 100 g Maronen

- Den Strunk und die äußeren Blätter des Rotkohls entfernen, Kohl waschen, halbieren und in dünne Streifen hobeln oder schneiden und in einen großen Topf geben.
- Die Zwiebel abziehen und die Nelken mit dem spitzen Ende in die Zwiebel drücken. Zwiebel mit Nelken zum Rotkohl geben, Salz einstreuen und Wasser zugießen. Den Apfel waschen, vierteln, entkernen, in dünne Stücke schneiden und unter den Rotkohl mischen, Paprika und Zucker zugeben, alles kurz aufkochen und für 50 Min. garen, bis der Rotkohl weich ist.
- Am Schluss die Butter untermischen.
- In der Zwischenzeit die Schale der Maronen kreuzweise einritzen, auf ein Backblech legen und für 20 Min. im vorgeheizten Backofen bei 220 Grad (Umluft 200 Grad) rösten. Die fertigen Maronen kurz abkühlen lassen, die Schale entfernen, die Maronen klein hacken und unter den fertigen Rotkohl mischen.

▶ Variation
Der Rotkohl schmeckt auch ohne Maronen bereits sehr lecker. Letztere Zutat verleiht dem Gemüse jedoch noch eine zusätzlich kräftigende Wirkung.

▶ Das passt dazu
Goldgelbe Polenta mit Schafskäse (S. 91), Gänsebrustfilet in Rotweinsauce (S. 109), Nussige Hähnchenkeule mit Meerrettichsauce (S. 106) oder einfach Reis (S. 34), Hirse (S. 33) oder Kartoffeln.

Sesamkartoffeln

Kartoffeln in kräftigend nussigem Sesammantel.

▶ 2 Portionen
vitalisierend und kräftigend
auch für abends
15 Min. + 27 Min. Garzeit

4 mittelgroße Kartoffeln · 1 EL Ghee · 3 EL Sesamsamen · 1 Msp. Muskatnuss · ½ TL Kreuzkümmel · Salz · 1 TL Apfelessig · abgeriebene Schale von ½ Zitrone · 1 Msp. Kurkuma · ½ TL Paprika edelsüß

- Die Kartoffeln mit Schale in einen Topf mit Wasser geben, den Topf erhitzen und die Kartoffeln für 20 Min. gar kochen. Danach die Kartoffeln entnehmen, abkühlen lassen, pellen und in mittelgroße Würfel schneiden.
- Das Ghee in einer Pfanne erhitzen, Sesamsamen zugeben und für 2 Min. rösten. Das Ghee darf nicht zu heiß werden, sonst springen die Sesamkörner aus der Pfanne. Muskatnuss und Kreuzkümmel kurz mitrösten, Salz und Apfelessig zugeben, Zitronenschale zufügen, Kurkuma und Paprika einstreuen. Alles gut miteinander vermischen, die Kartoffelstücke zugeben, mit der Sauce vermischen und unter gelegentlichem Rühren für ca. 5 Min. dünsten, bis die Kartoffeln warm sind.

▶ Das passt dazu

Berglinsengericht indisch (S. 97), Lachsfilet auf würzigem Lauchgemüse (S. 105), Tomatensalat mit frischer Minze (S. 63), Eichblattsalat mit Birnensauce (S. 63) oder Feldsalat mit gebackenem Ziegenkäse (S. 62).

Herzhaft-fruchtiger Brokkoli mit gerösteten Mandeln

Das beliebte Kohlgemüse in nussig-fruchtiger Variante.

▶ 2 × 2 Portionen
harmonisierend
auch für abends
15 Min. + 21 Min. Garzeit

400 g Brokkoli · 1 EL Ghee · 2 EL Mandelblättchen · 1 Knoblauchzehe · ½ TL Kreuzkümmel · Salz · 100 ml Hagebuttentee · ½ TL Paprika edelsüß · 1 TL Butter

- Den Brokkoli putzen, waschen, die Röschen vom Strunk trennen, den Strunk der Länge nach halbieren und in dünne Scheiben schneiden.
- Ghee in einen Topf geben und erhitzen, Mandeln zugeben und für ca. 1 Min. goldbraun rösten. Die Knoblauchzehe abziehen, durch eine Knoblauchpresse drücken und zugeben, Kreuzkümmel einstreuen und beides kurz anbraten, dann den Topf kurz von der heißen Platte nehmen, Salz, Hagebuttentee und Paprika zufügen.
- Die Strunkscheiben des Brokkolis in den Topf geben, kurz aufkochen und bei milder Hitze für etwa 5 Min. kochen, dann die Brokkoliröschen zugeben und alles nochmals für etwa 15 Min. garen. Am Schluss die Butter zufügen.

▶ Variation

Anstatt Hagebuttenttee kann auch Hibiskus- oder Malventee, statt Kreuzkümmel kann weißer Pfeffer (¼ TL) verwendet werden.

▶ Das passt dazu

Grünkernrisotto mit Champignons (S. 85), Goldgelbe Polenta mit Schafskäse (S. 91), Nussige Champignon-Tarte (S. 67) oder einfach Dinkel (S. 32).

Mildes Fenchelgemüse mit Amaranth

Ungewöhnliche Komposition, ungewöhnlich lecker.

▶ 2 Portionen
vitalisierend und kräftigend
15 Min. + 25 Min. Garzeit
+ 45 Min. Backzeit

3 Fenchelknollen · 3 EL Olivenöl · 1 TL Kreuzkümmel · Salz · 1 TL Zitronensaft · 1 TL Paprika edelsüß · 100 g Amaranth · 1 Msp. Muskatnuss · Salz · 250 ml Wasser · 50 g Frischkäse

- Den Fenchel, waschen, putzen, der Länge nach halbieren und mit der Innenseite nach oben in eine große, flache Auflaufform legen. Olivenöl, Kreuzkümmel, Salz, Zitronensaft und Paprika in eine Tasse geben, gut miteinander vermischen und mit einem Pinsel den Fenchel damit bestreichen. Den Fenchel im vorgeheizten Backofen bei 180 Grad (Umluft 160 Grad) für 30 Min. backen.
- In der Zwischenzeit den Amaranth gut mit heißem Wasser waschen. Amaranth in einen Topf geben, Muskatnuss, Salz und Wasser zufügen, alles zum Kochen bringen und auf kleiner Flamme für 25 Min. köcheln lassen. Am Schluss den Frischkäse unterrühren.
- Den fertigen Amaranth auf den Fenchelknollen verteilen und alles nochmals für 15 Min. backen lassen.

Gemüsecarpaccio mit Schafskäse

Eine Köstlichkeit!

▶ 2 Portionen

harmonisierend und kräftigend

25 Min. + 30 – 40 Min. Backzeit

3 mittelgroße Rote Bete · 100 g Sahne · 1 Ei · 1 TL fertiger Meerrettich (Glas) · 1/4 TL schwarzer Pfeffer · Salz · 1/4 saurer Apfel · 50 g Schafskäse (Feta)

- Rote Bete schälen, halbieren und in möglichst dünne Scheiben hobeln. Rote-Bete-Scheiben fächerartig auf ein gefettetes Backblech legen. Sahne, Ei, Meerrettich, Pfeffer und Salz miteinander verrühren. Den Apfel schälen, fein reiben, zu der Sauce geben und alles über die Rote Bete gießen. Den Schafskäse zerbröseln und darüberstreuen.
- Das Gratin für 30 – 40 Min. bei 180 Grad (Umluft 160 Grad) im vorgeheizten Backofen auf mittlerer Schiene backen, bis die Rote Bete gar ist.

▶ Das passt dazu

Herzhafte Möhrenmuffins (S. 122) oder Quinoa (S. 36) oder Hirse (S. 33).

Frische Erbsen mit geröstetem Sesam

Mit dem Einkauf der frischen Schoten beginnt bereits die Freude.

▶ 2 Portionen

harmonisierend und vitalisierend

auch für abends

25 Min. + 10 Min. Garzeit

1 kg frische Schotenerbsen · 1 EL Ghee oder Butter · 2 EL Sesam · 4 Fäden Safran · 1 Msp. Muskatnuss · 2 EL Wasser · Salz · 1 Msp. Kakao · 1/2 TL Paprika edelsüß · 50 g Ziegenfrischkäse

- Die Erbsen palen. Ghee in einen Topf geben und erhitzen, Sesam zugeben und für 2 Min. auf mäßiger Hitze anrösten. Erbsen zugeben und kurz mit andünsten.
- Safran und Muskatnuss zugeben, Wasser angießen, Salz, Kakao und Paprika einstreuen. Alles kurz aufkochen und bei milder Hitze für etwa 8 Min. dünsten, bis die Erbsen gar sind.
- Zum Schluss den Ziegenkäse untermischen.

▶ Das passt dazu

Haferpilaw mit Datteln (S. 84), Goldgelbe Tofuwürfel im Sesammantel (S. 99), Tafelspitz mit Kartoffel-Meerrettich-Gemüse (S. 110) oder einfach Reis (S. 34).

Tipp

Aus 1 kg frischen Erbsenschoten können in etwa 300 g Erbsen gepalt werden.

Kürbisgemüse in herbstlicher Sauce

Genau das Richtige für die kalte Jahreszeit. Wohlgeschmack pur!

▶ 2 Portionen

vitalisierend und kräftigend

auch für abends

25 Min. + 15 Min. Garzeit

3 EL Olivenöl · 1 kleiner Hokkaidokürbis (ca. 1000 g mit Kernen) · 2 Zwiebeln · 1/2 TL Kreuzkümmel · 1/4 TL schwarzer Pfeffer · Salz · 100 ml Wasser · 1 TL Zitronensaft · 1 Msp. Kakao · 1/2 TL Rohrohrzucker · 2 EL Rosinen

- Olivenöl in einen Topf geben. Kürbis in der Mitte teilen, mit einem Löffel die Kerne herauskratzen, anschließend den Kürbis waschen und in kleine Würfel schneiden. Die Zwiebeln häuten und würfeln.
- Das Olivenöl erhitzen, Hokkaidowürfel kurz andünsten, Zwiebel für ca. 5 Min. mitdünsten. Kreuzkümmel, Pfeffer und Salz einstreuen, Wasser zugießen, kurz aufkochen lassen und für etwa 5 Min. auf niedriger Temperatur köcheln, bis der Kürbis gar ist.
- Zitronensaft, Kakao, Zucker und Rosinen zugeben und für 5 Min. ziehen lassen.

Raffinierte Mangold-Hirse-Küchlein

Eine gelungene Mischung aus erfrischendem Gemüse und Getreide.

▶ 18 Stück
erfrischend
auch für unterwegs
40 Min. + 20 Min. Garzeit + 30 Min. Backzeit

100 g Hirse · ¼ TL Muskatnuss · 300 ml Wasser · Salz · 800 g Mangold · 1 TL Ghee oder Butter · 3 EL Mandeln, gehackt · ¼ TL schwarzer Pfeffer · ½ TL Koriander · abgeriebene Schale von ½ Zitrone · 1 Msp. Paprika edelsüß · 1 Ei

- Hirse waschen, in einen Topf geben, Muskatnuss einstreuen, Wasser angießen und Salz zufügen. Alles kurz aufkochen und bei kleinster Hitze für 20 Min. garen.
- Die Mangoldblätter von den groben Stielen trennen, waschen, für etwa 7 Min. in kochendem Salzwasser blanchieren und dann in dünne Streifen schneiden.
- Das Ghee in einen Topf geben, erhitzen, Mandeln zugeben und für ca. 1 Min. rösten.
- Den blanchierten Mangold zugeben, Pfeffer, Koriander und Salz einstreuen. Zitronenschale zufügen, Paprika zugeben, alles gut miteinander vermengen und für 10 Min. bei milder Hitze garen.
- Die fertige Hirse mit dem Mangold vermischen, das Ei unterrühren und die Teigmasse mit zwei Esslöffeln zu kleinen, flachen Küchlein formen.
- Die Küchlein in eine leicht gefettete Auflaufform mit Deckel legen und für 30 Min. mit geschlossenem Deckel im vorgeheizten Backofen bei 200 Grad (Umluft 180 Grad) auf der obersten Schiene backen.

▶ Variation

Mangold können Sie durch Spinat austauschen. Die Mangold-Hirse-Küchlein können auch in der Pfanne mit etwas Ghee für ca. 10 Min. mild gebraten, statt im Backofen gebacken werden.

◀ Raffinierte Mangold-Hirse-Küchlein

Goldgelbe Steckrüben mit Birnen-Butter-Sauce

Steckrübe – eine Rarität und auch geschmacklich etwas Besonderes auf dem Tisch.

▶ 2 Portionen
vitalisierend
auch für abends
20 Min. + 30–40 Min. Backzeit

1 kleine Steckrübe (ca. 500 g) · 2 EL Butter · 1 EL Birnendicksaft · 1 TL Kreuzkümmel · 1 Zweig frischer Rosmarin · Salz · 2 EL Weißwein · 1 TL Paprika edelsüß

- Steckrübe schälen und mit einem Hobel in möglichst dünne Scheiben hobeln. Die Steckrübenscheiben lamellenartig auf ein leicht gefettetes Backblech legen.
- Butter in einem kleinen Topf schmelzen, vom Herd nehmen, Birnendicksaft einrühren und Kreuzkümmel einstreuen. Das Buttergemisch gleichmäßig über die Steckrüben gießen, sodass alle Stücke damit benetzt sind.
- Den Rosmarin waschen, mit heißem Wasser übergießen, trocken schütteln, die Nadeln abstreifen, mit Salz, Weißwein und Paprika in einer kleinen Schüssel vermischen und auf den Steckrüben verteilen.
- Die Steckrüben im vorgeheizten Backofen bei 200 Grad (Umluft 180 Grad), je nach Dicke der Scheiben, für etwa 30–40 Min. backen, bis die Steckrüben weich sind.

▶ Variation

Statt Birnendicksaft kann auch Ahornsirup und für Rosmarin Thymian verwendet werden. Weißwein kann gegen Hagebutten- oder Hibiskustee ausgetauscht werden.

▶ Das passt dazu

Knusprige Quinoa-Hirse-Küchlein (S. 94) oder einfach Grünkern (S. 33) oder Hafer (S. 33).

Rosenkohl mit gerösteten Mandelblättchen

Die zarten Kohlröschen in besonders leckerer Variante.

▶ 2 Portionen
vitalisierend
auch für abends
20 Min. + 25 Min. Garzeit
300 g Rosenkohl · 1 EL Ghee oder Olivenöl · 4 EL Mandelblättchen · ¼ TL Garam Masala, mittelscharf · ⅛ l Wasser · Salz · abgeriebene Schale von ½ Zitrone · 1 Msp. Kaffee · 3 Trockenpflaumen

- Rosenkohl putzen, waschen und am Strunk kreuzweise einschneiden. Ghee in eine Pfanne geben und erhitzen. Die Mandelblättchen für 1–2 Min. unter ständigem Rühren darin anbraten, den Rosenkohl zugeben und für 3 Min. andünsten. Garam Masala einstreuen, Wasser zugießen und Salz zugeben.
- Alles kurz aufkochen lassen und für 15 Min. garen. Zitronenschale zu dem Rosenkohl geben. Kaffee einstreuen, Trockenpflaumen klein schneiden und ebenfalls zugeben.
- Alles nochmals bei milder Hitze für 5 Min. durchziehen lassen.

▶ Das passt dazu
Linsenfladen mit bunter Gemüsefüllung (S. 98), Gänsebrustfilet in Rotweinsauce (S. 109), Nussige Hähnchenkeule mit Meerrettichsauce (S. 106) oder einfach Hirse (S. 33) mit etwas Butter.

Spargel mit frischem Dill

Die Spargelzeit hat begonnen und will gefeiert werden.

▶ 2 Portionen
erfrischend
auch für abends
15 Min. + 37 Min. Garzeit
2 EL Ghee oder Butter · ½ TL Kreuzkümmel · ¼ TL Muskatnuss · Salz · 250 ml Wasser · 1 TL Zitronensaft · ½ TL Paprika edelsüß · 400 g weißer Spargel · 1 EL frischer Dill

- Ghee in einen Topf geben und erhitzen. Kreuzkümmel und Muskatnuss kurz anrösten. Salz, Wasser, Zitronensaft und Paprika zugeben. Alles kurz aufkochen und bei milder Hitze mit offenem Deckel die Flüssigkeit für 15 Min. einkochen lassen.
- In der Zwischenzeit den Spargel schälen, waschen und in etwa 4 cm große Stücke schneiden.
- Den Spargel in den Topf zu der eingekochten Flüssigkeit geben, kurz aufkochen und dann mit geschlossenem Deckel bei milder Hitze etwa 20 Min. dünsten, bis der Spargel weich ist.
- Dill waschen, fein hacken, zufügen und alles auf ausgeschalteter Herdplatte für 2 Min. durchziehen lassen.

Gurkengemüse mit Dill-Muskat-Sauce

Ein wunderbar mildes Gemüsegericht.

▶ 2 Portionen
erfrischend
auch für unterwegs
10 Min. + 13 Min. Garzeit
1 EL Ghee oder Butter · 2 Landgurken oder 1 große Salatgurke · 1 Msp. Muskat · ½ TL Senf · 2 EL frischer Dill · Salz · 1 TL Zitronensaft · ½ TL Paprika edelsüß · 5 EL Sahne

- Das Ghee in einen Topf geben, die Gurken schälen und der Länge nach halbieren. Die Kerne mit einem kleinen Löffel herausschaben und in dünne Halbmonde schneiden. Das Ghee erhitzen, die Gurkenstücke zugeben und unter ständigem Wenden für 3 Min. auf hoher Flamme dünsten, dann auf kleiner Hitze mit geschlossenem Deckel für 5 Min. weiterdünsten.
- Muskat und Senf zugeben. Dill putzen, waschen, fein hacken und zufügen. Salz, Zitronensaft und Paprika zugeben. Alles nochmals 5 Min. dünsten und am Schluss die Sahne einrühren.

▶ Das passt dazu
Linsenfladen mit bunter Gemüsefüllung (S. 98), Grünkernrisotto mit Champignons (S. 85) oder einfach Pellkartoffeln.

Möhren mit Honigsafran

Möhrengemüse geht immer – nährend und wohlschmeckend gut.

▶ 2 Portionen

vitalisierend

auch für abends

12 Min. + 12 Min. Garzeit

5 mittelgroße Möhren · 1 EL Ghee oder Butter · ½ TL Honig · 4 Fäden Safran · 1 Stück Ingwer (ca. 1 cm) · Salz · 5 EL Wasser · ½ TL Paprika edelsüß

- Die Möhren schälen oder mit der Gemüsebürste putzen und in dünne Scheiben schneiden.
- Ghee in einen Topf geben und diesen erhitzen, Möhren zugeben und für 2 Min. anrösten. Honig und Safran unterrühren, Ingwer schälen und in dünne Streifen schneiden, ebenfalls zugeben. Salz einstreuen, Wasser zufügen und zum Schluss den Paprika einrühren.
- Alles bei milder Hitze für 10 Min. garen.

▶ Das passt dazu

Linsenfladen mit bunter Gemüsefüllung (S. 98), Haferpilaw mit Datteln (S. 84), Tafelspitz mit Kartoffel-Meerrettich-Gemüse (S. 110) oder einfach Hirse (S. 33), Reis (S. 34), Quinoa (S. 36) oder Hafer (S. 33).

Hokkaidowürfel aus dem Backofen

So einfach, so lecker!

▶ 2 Portionen

vitalisierend und kräftigend

auch für abends

20 Min. + 25 Min. Backzeit

1 kleiner Hokkaidokürbis (ca. 1000 g mit Kernen) · 50 g Butter · 1 EL Rohrohrzucker · 1 TL Zimt · ¼ TL Garam Masala, mittelscharf · Salz

- Kürbis in der Mitte teilen, mit einem Löffel die Kerne herauskratzen, anschließend den Kürbis waschen und in etwa 2 cm große Würfel schneiden. Die Kürbiswürfel in eine flache Auflaufform legen.
- Butter in einem kleinen Topf schmelzen und mit Zucker, Zimt, Garam Masala und Salz mischen. Das Buttergemisch gleichmäßig über den Kürbis gießen, sodass alle Stücke damit benetzt sind.
- Den Kürbis im vorgeheizten Backofen bei 200 Grad (Umluft 180 Grad) für etwa 25 Min. backen.

▶ Das passt dazu

Mildes Hirsegericht mit erfrischendem Stangensellerie (S. 84), Feldsalat mit gebackenem Ziegenkäse (S. 62), Nussige Hähnchenkeule mit Meerrettichsauce (S. 106), Zartes Rinderfilet (S. 111) oder einfach Hirse (S. 33) oder Quinoa (S. 36).

Raffiniertes Mandel-Kartoffel-Gericht

Außergewöhnliches Kartoffelgericht mit gutem Geschmack.

▶ 2 Portionen

vitalisierend

auch für abends

30 Min. + 15 Min. Garzeit + 30 Min. Backzeit

4 mittelgroße Kartoffeln · 1 EL Ghee oder Olivenöl · 1 Zwiebel · 4 EL Mandelblättchen · ½ TL Garam Masala, mittelscharf · Salz · 1 Msp. Kaffee · 60 g Feldsalat · 100 g Sahne

- Die Kartoffeln waschen und in einem Topf mit kochendem Wasser für 10 Min. garen. Kartoffeln etwas abkühlen lassen, pellen, halbieren und in feine Scheiben schneiden.
- In der Zwischenzeit den Feldsalat waschen und putzen.
- Das Ghee in eine Pfanne geben. Die Zwiebel abziehen und würfeln. Ghee erhitzen, die Zwiebeln für 3 Min. darin anbraten. Die Mandelblättchen zugeben, für 2 Min. leicht rösten, dann Garam Masala, Salz und Kaffee einstreuen. Kartoffeln zugeben und für 2 Min. dünsten. Feldsalat untermischen und alles in eine gefettete Auflaufform geben, mit Sahne übergießen und im vorgeheizten Backofen für 30 Min. bei 190 Grad (Umluft 170 Grad) backen.

Hirsetabbouleh

Eine raffinierte und bekömmliche Abwechslung zu Altbekanntem!

▶ 2 Portionen
erfrischend
auch für unterwegs
30 Min. + 20 Min. Garzeit

1 TL Butter · 150 g Hirse · 1 Msp. Kreuzkümmel · 300 ml Wasser · Salz · 3 EL Zitronensaft · 4 EL frische Petersilie · 2 Tomaten · ½ TL Paprika edelsüß · ½ Salatgurke · 2 EL Olivenöl · 1 Frühlingszwiebel · 2 EL frische Minze · ¼ TL schwarzer Pfeffer · Salz

- Butter in einen Topf geben und erhitzen, Hirse zugeben und für 2 Min. anrösten, Kreuzkümmel zufügen, Wasser und Salz einrühren. Kurz aufkochen lassen und dann auf kleiner Hitze für 18 Min. ausquellen lassen.
- In der Zwischenzeit den Zitronensaft in eine Schüssel geben, Petersilie waschen, fein hacken und ebenfalls zugeben. Tomaten waschen, klein schneiden und hinzufügen, Paprika einstreuen, Salatgurke schälen, in kleine Würfel schneiden und in die Schüssel geben. Olivenöl zufügen, Frühlingszwiebel waschen, putzen, in feine Ringe schneiden und untermischen. Minze waschen, klein hacken und zugeben. Pfeffer und Salz einstreuen und alles gut miteinander vermischen.
- Die fertige Hirse etwas abkühlen lassen und dann ebenfalls in die Schüssel geben und mit den restlichen Zutaten mischen.

▶ Das passt dazu

Goldgelbe Tofuwürfel im Sesammantel (S. 99).

Basmatireis in Grün

Vorzüglich!

▶ 2 Portionen
harmonisierend und erfrischend
auch für abends
20 Min. + 33 Min. Garzeit

2 TL Ghee oder Butter · 150 g Basmativollkornreis · 300 ml Wasser · Salz · 300 g Blattspinat · 2 Zwiebeln · 1 TL getrockneter Dill · 50 ml Wasser

- 1 TL Ghee in einen Topf geben, Ghee erhitzen, Reis zugeben und für ca. 3 Min. anrösten. Topf kurz von der Kochplatte nehmen, Wasser und Salz zugeben, auf der Kochplatte alles kurz aufkochen lassen und dann bei kleiner Hitze für 30 Min. ausquellen lassen.
- In der Zwischenzeit die Spinatblätter waschen und die groben Stiele entfernen.
- 1 TL Ghee in einen Topf geben, Zwiebeln abziehen und klein hacken, Ghee erhitzen, Zwiebeln zugeben und für 3 Min. anbraten. Blattspinat zugeben, Dill einstreuen, Wasser zugießen, Salz zufügen und alles kurz zum Kochen bringen. Dann bei kleiner Hitze für 20 Min. dünsten.
- Den fertigen Reis unter den Spinat mischen.

▶ Variation

Der Spinat kann durch Mangold, Dill durch Basilikum ausgetauscht werden.
Sofern Sie TK-Spinat verwenden, den Spinat ebenfalls nach dem Anbraten der Zwiebeln zugeben. Die Kochzeit des Spinats verringert sich dann auf 10 Min.

▶ Hirsetabbouleh

Dinkelquiche mit erfrischenden Tomaten und Schafskäse

Mit dieser mediterranen Quiche sind selbst Pizza- und Spaghettivernarrte zu begeistern.

▶ 8 Stück
kräftigend und erfrischend
auch für unterwegs
20 Min. + 40 Min. Backzeit

200 g Dinkelmehl (630)
100 g Butter
2 Msp. Rohrohrzucker
1 Ei
1 Msp. Koriander
2 Msp. Salz
5 mittelgroße Tomaten
150 g Schafskäse (Feta)
3 EL Olivenöl
1/4 TL schwarzer Pfeffer
15 Blatt frisches oder getrocknetes (2 TL) Basilikum
Salz

- Das Mehl in eine Schüssel geben und in der Mitte eine Mulde formen, die kalte Butter in kleinen Flöckchen in die Mulde geben, ebenso Zucker, Ei, Koriander und Salz. Mit den Fingern alles zu einem feinkrümeligen Teig verkneten und dann zu einer Kugel formen. Den Teig in Folie verpacken und für 1 Stunde in den Kühlschrank stellen.
- Danach den Teig gleichmäßig und möglichst dünn in einer leicht gefetteten Quicheform (ca. 26 cm Durchmesser) verteilen und einen etwa fingerbreiten Rand formen. Den Teigboden gleichmäßig dicht mit einer Gabel einstechen. Für 20 Min. im vorgeheizten Backofen bei 180 Grad (Umluft 160 Grad) auf der mittleren Schiene backen und danach wieder aus dem Ofen herausnehmen.
- Die Tomaten waschen, das Grün entfernen, achteln und fächerförmig auf dem vorgebackenen Teig verteilen. Den Schafskäse zerbröseln und über die Tomaten streuen. Das Olivenöl in eine Tasse geben, den Pfeffer zugeben, die Basilikumblätter waschen, klein zupfen und ebenfalls in die Tasse geben, etwas Salz einstreuen und alles gut miteinander verrühren. Die Ölmischung über Tomaten und Käse gießen.
- Die Quiche im vorgeheizten Backofen bei 180 Grad (Umluft 160 Grad) für weitere 20–25 Min. auf der mittleren Schiene backen.

▶ Variation
Der Schafskäse kann auch durch Ziegenfrischkäse und das Basilikum durch Minze oder 2 EL Schnittlauchröllchen ersetzt werden.

Reistarte mit würziger Gemüsefüllung

Diese Tarte ist auch für verwöhnte Gaumen etwas Besonderes.

▶ 8 Stück

vitalisierend und harmonisierend

auch für unterwegs

40 Min. + 40 Min. Garzeit + 60 Min. Backzeit

400 ml Gemüsebrühe
200 g Rundkornvollkornreis
1 Ei
50 g mittelalter Ziegengouda
1 EL Olivenöl
5 mittelgroße Möhren
2 Msp. Muskatnuss
Salz
2 EL frische Petersilie
100 g saure Sahne
100 g Joghurt
½ TL Paprika edelsüß
1 Ei
¼ TL schwarzer Pfeffer
1 Msp. Kardamom
1 TL fertiger Meerrettich (Glas)
Salz

- Gemüsebrühe in einen Topf schütten und erhitzen, Reis zugeben und bei kleiner Hitze für 40 Min. kochen. Den fertigen Reis abkühlen lassen, mit dem Ei verrühren, den Käse reiben und ebenfalls unterrühren. Die Masse in eine gefettete Quicheform geben und gleichmäßig auf Boden und Rand verteilen.
- Die Reismasse für 15 Min. im vorgeheizten Backofen bei 200 Grad (Umluft 180 Grad) auf der mittleren Schiene backen.
- In der Zwischenzeit das Olivenöl in einen Topf geben, die Möhren schälen oder mit einer Gemüsebürste abreiben, waschen und in dünne Scheiben schneiden. Den Topf mit dem Öl erhitzen, die Möhren für 5 Min. darin dünsten. Muskatnuss und Salz einstreuen. Die Petersilie waschen, trocken schütteln, fein hacken und ebenfalls unter die Möhren rühren. Die fertigen Möhren gleichmäßig auf der vorgebackenen Reistarte verteilen.
- Die saure Sahne mit Joghurt, Paprika, Ei, Pfeffer, Kardamom, Meerrettich und Salz in einer kleinen Schüssel zu einer Sauce verrühren und anschließend über die Möhren gießen.
- Die Tarte im vorgeheizten Backofen bei 180 Grad (Umluft 160 Grad) für weitere 45 Min. auf mittlerer Schiene backen.

▶ Variation

Statt Möhren kann auch Fenchel oder Kürbis, jeweils ca. 400 g, verwendet werden. Wenn Sie lieber Schafsgouda oder Kuhmilchgouda mögen, tauschen Sie den Käse einfach aus.

Raffiniertes Risotto mit Schafskäse

Köstlich, variantenreich und sehr einfach zu kochen.

▶ 2 Portionen

harmonisierend und erfrischend

25 Min. + 25 Min. Garzeit

1 EL Ghee oder Olivenöl · 1 Zwiebel · 2 EL Mandelblättchen · 1 Msp. Muskatnuss · 1 Msp. Salz · 100 ml Weißwein · 100 g Schafskäse (Feta) · 350 ml Gemüsebrühe · 3 Stangen Staudensellerie · 2 EL Rosinen · 150 g Risottoreis (Arborio) · 1 TL mildes Curry · Wasser

- Ghee in einen Topf geben, die Zwiebeln abziehen und würfeln. Das Ghee erhitzen und die Zwiebeln für 3 Min. darin anbraten, Mandelblättchen zugeben und für etwa 2 Min. leicht rösten. Muskatnuss, Salz und Weißwein zugeben. Schafskäse zerbröseln und unterrühren. Gemüsebrühe zugeben und alles für 5 Min. mit geschlossenem Deckel köcheln lassen.
- Staudensellerie putzen, waschen, in feine Scheiben schneiden und zugeben. Rosinen, Risottoreis und Curry zufügen. Alles nochmals aufkochen und für etwa 15 Min. garen.
- Wenn das Risotto während des Garens noch Flüssigkeit benötigen sollte, einfach etwas Wasser zufügen. Dieses Risotto wird während des Garens nicht gerührt.

▶ Variation

Statt Weißwein können 1 TL Erdbeermarmelade und 100 ml Gemüsebrühe zusätzlich verwendet werden. Staudensellerie kann durch Brokkoli, Zucchini, Paprika oder Möhren ersetzt werden, jeweils ca. 200 g. Brokkoli und Paprika dazu möglichst klein schneiden, Zucchini und Möhren raspeln. Die Rosinen können Sie auch weglassen.

◀ Raffiniertes Risotto mit Schafskäse

Quinoa mit Chicorée-Walnuss-Gemüse

Eine vortreffliche Kombination aus Gemüse und Getreide, mit leicht bitterer Note.

▶ 2 Portionen

vitalisierend und harmonisierend

auch für abends

20 Min. + 15 Min. Garzeit

80 g Quinoa · 200 ml Gemüsebrühe · 1 EL Ghee · 6 Walnüsse 1 kleine Stange Lauch · 1 Msp. Muskatnuss · 1/4 TL schwarzer Pfeffer · Salz · 1 TL Zitronensaft · 2 mittelgroße Chicorée (ca. 400 g) · 100 g Sahne · 1 EL Walnussöl

- Quinoa mehrmals gut mit heißem Wasser waschen, in einen Topf geben, mit der Gemüsebrühe übergießen, alles kurz aufkochen lassen und dann bei kleiner Hitze für 20 Min. garen.
- Ghee in einen Topf geben. Die Walnüsse klein hacken. Lauch putzen, der Länge nach aufschneiden, waschen und in dünne Ringe schneiden. Das Ghee erhitzen, Walnüsse und Lauch zugeben und für 3 Min. anrösten, Muskatnuss, Pfeffer, Salz einstreuen und Zitronensaft zugeben. Den Topf mit geschlossenem Deckel auf der ausgeschalteten Herdplatte stehen lassen.
- Den Chicorée putzen, der Länge nach aufschneiden, den bitteren Strunk entfernen, Chicorée waschen und in dünne Scheiben schneiden. Den Chicorée in den Topf geben, mit den restlichen Zutaten vermischen, kurz aufkochen lassen und für 7 Min. garen. Dann das fertige Quinoa unterheben, die Sahne zugießen und alles für 5 Min. bei geschlossenem Deckel bei milder Hitze durchziehen lassen. Zum Schluss das Walnussöl einrühren.

▶ Variation

Das Walnussöl kann durch Olivenöl ersetzt werden, wobei Ersteres besser dazu schmeckt.

Mildes Hirsegericht mit erfrischendem Stangensellerie

Abgerundet und harmonisch im Geschmack, vielfältig in der Variation.

▶ 2 Portionen
harmonisierend und vitalisierend
auch für abends
20 Min. + 25 Min. Garzeit

2 Stangen Sellerie · 1 TL Ghee oder Olivenöl · 150 g Hirse · ½ TL Zimt · 1 Stück Ingwer (ca. 1 cm) · ½ TL Koriander · Salz · 400 ml Wasser · ½ saurer Apfel · 3 EL Rotwein · 1 TL Honig

- Die Selleriestangen putzen, waschen und in dünne Scheiben schneiden.
- Ghee in einen Topf geben, erhitzen, Hirse und Zimt zugeben und für ca. 5 Min. leicht rösten. Ingwer schälen, fein reiben und zugeben, Koriander und Salz einstreuen, Wasser angießen.
- Den Apfel schälen, halbieren, entkernen, die Hälfte fein reiben und zugeben, Rotwein zufügen, Honig unterrühren und Sellerie zugeben. Alles kurz aufkochen und für 20 Min. garen.

▶ Variation

Anstelle von Stangensellerie können Sie auch Möhren, Brokkoli, Champignons oder Erbsen verwenden, jeweils ca. 150 g. Rotwein kann durch Rote-Bete-Saft variiert werden.

▶ Das passt dazu

Hokkaidowürfel aus dem Backofen (S. 77).

Haferpilaw mit Datteln

Würzig-süßes Hafergericht, auch bei großen »Kindern« beliebt.

▶ 2 Portionen
vitalisierend
auch für abends
15 Min. + 47 Min. Garzeit

1 TL + 1 EL Ghee oder Butter · 150 g Hafer · 6 Datteln · ¼ Zimtstange · 1 Msp. Ingwer gemahlen · 2 Kardamomkapseln · 600 ml Wasser · Salz · abgeriebene Schale von 1 Zitrone · 1 Msp. Kaffee · 1 Zwiebel · 1 Knoblauchzehe · 2 EL gehackte Mandeln · 2 EL Rosinen

- 1 TL Ghee in einen Topf geben, erhitzen, Hafer zugeben und für ca. 2 Min. rösten. Die Datteln klein schneiden und zugeben. Zimtstange, Ingwer, Kardamomkapseln, Salz und Wasser zufügen. Zitronenschale zugeben sowie den Kaffee einstreuen. Alles kurz aufkochen lassen und dann bei kleiner Hitze für 40 Min. garen.
- In der Zwischenzeit 1 EL Ghee in eine Pfanne geben, Zwiebel und Knoblauch abziehen und würfeln. Ghee erhitzen, Zwiebel und Knoblauch für 3 Min. darin anbraten. Die Mandeln zugeben und kurz mit anrösten. Danach unter den fertigen Hafer mischen und die Rosinen zugeben. Alles bei geschlossenem Deckel für 5 Min. bei milder Hitze durchziehen lassen.

▶ Das passt dazu

Würziges Blumenkohlgemüse (S. 68), Möhren mit Honigsafran (S. 77) oder Frische Erbsen mit geröstetem Sesam (S. 73).

Kerniges Hafer-Möhren-Gemüse mit Datteln

Vitalität pur und dazu noch sehr schmackhaft.

▶ 2 Portionen
vitalisierend und harmonisierend
auch für abends
20 Min. + 40 Min. Garzeit

400 ml Gemüsebrühe · 150 g ganze Haferkörner, entspelzt · Salz · 1 EL Ghee oder Butter · 5 mittelgroße Möhren · 6 getrocknete Datteln · 1 TL Koriander · Salz · 1 EL frische Petersilie · 1 Msp. Kurkuma · 1 TL Butter

- Die Gemüsebrühe in einen Topf geben, Hafer zufügen und Salz einstreuen. Alles aufkochen und bei kleiner Hitze für 35 Min. garen.
- Das Ghee in einen zweiten Topf geben, die Möhren schälen oder mit der Gemüsebürste putzen, waschen und in dünne Scheiben schneiden. Die Datteln entkernen und klein hacken. Ghee erhitzen, Möhren, Datteln und Koriander zugeben, für 2 Min. anrösten, dann das Salz einstreuen und auf kleiner Hitze für weitere 8 Min. garen.
- In der Zwischenzeit die Petersilie waschen, trocken schütteln und klein hacken. Den fertigen Hafer zu den Möhren geben, die Petersilie unterheben, Kurkuma einstreuen, Butter zugeben, dann alles nochmals kurz erhitzen und auf kleiner Hitze für 5 Min. durchziehen lassen.

Grünkernrisotto mit Champignons

Würziger Grünkern mit mildem Champignongemüse – eine überzeugend gute Geschmackskomposition.

▶ 2 Portionen
kräftigend
15 Min. + 40 Min. Garzeit

150 g Grünkern · 1 Zweig frischer oder getrockneter (1 EL) Rosmarin · 300 ml Gemüsebrühe · 1 EL Ghee oder Butter · 200 g Champignons · ¼ TL Garam Masala, mittelscharf · Salz 50 g Frischkäse

- Grünkern in einen Topf geben, Rosmarin waschen, kurz mit heißem Wasser übergießen und zu dem Grünkern geben, Gemüsebrühe zugießen, alles zum Kochen bringen und etwa 35 Min. kochen, bis der Grünkern weich ist.
- In der Zwischenzeit das Ghee in eine Pfanne geben. Die Champignons waschen, putzen und in dünne Scheiben schneiden. Ghee erhitzen, Champignons darin andünsten, Garam Masala und Salz einstreuen und für 10 Min. mit geschlossenem Deckel garen. Dann den Frischkäse unterrühren.
- Rosmarin entnehmen und fertigen Grünkern unter die Pilze mischen, alles nochmals erwärmen und für 5 Min. auf kleinster Hitze durchziehen lassen.

▶ Das passt dazu

Feldsalat mit gebackenem Ziegenkäse (S. 62), Herzhaft-fruchtiger Brokkoli mit gerösteten Mandeln (S. 71) oder Gurkengemüse mit Dill-Muskat-Sauce (S. 76).

Hirse in Rotkohlröllchen

Zu lecker, um es nur zu besonderen Anlässen zu servieren.

- Die Rotkohlblätter kurz blanchieren und die harten Stiele entfernen.
- Ghee in einen Topf geben, Zwiebel abziehen, klein hacken, das Ghee erhitzen, Zwiebel zugeben und für ca. 3 Min. anbraten. Die Walnüsse klein hacken und zusammen mit der Hirse für 2 Min. mit anrösten.
- Zimt, Rosinen, Garam Masala und Salz zufügen, Wasser angießen, alles kurz aufkochen und bei kleiner Hitze für 20 Min. garen.
- Jeweils ¼ der fertigen Hirse auf den Rand jedes Rotkohlblattes legen und diese zu einem festen Päckchen rollen. Die Kohlröllchen gegebenenfalls mit einem Bindfaden umwickeln und in eine Auflaufform legen. 150 ml kochendes Wasser über einen Teebeutel Malventee gießen, 5 Min. ziehen lassen. Dann den warmen Malventee über die Rotkohlröllchen gießen, die Auflaufform mit einem Deckel oder Alufolie bedecken, damit die Kohlblätter saftig bleiben, und im vorgeheizten Backofen bei 180 Grad (Umluft 160 Grad) für 20 Min. schmoren lassen.
- Nach Belieben etwas saure Sahne zu den Rotkohlröllchen servieren.

▶ Variation

Statt Malventee können Sie auch Hibiskus- oder Hagebuttentee verwenden. Rosinen können durch getrocknete Pflaumen und Walnüsse durch Haselnüsse ausgetauscht werden.

▶ Das passt dazu

Nussige Champignon-Tarte (S. 67), Gänsebrustfilet in Rotweinsauce (S. 109), Zartes Rinderfilet (S. 111) oder Rinderlende in würziger Biersauce (S. 110).

▶ 2 Portionen

vitalisierend und harmonisierend

auch für abends

20 Min. + 25 Min. Garzeit + 20 Min. Backzeit

4	große Rotkohlblätter
1 EL	Ghee oder Olivenöl
1	Zwiebel
6	Walnüsse
150 g	Hirse
½ TL	Zimt
2 EL	Rosinen
¼ TL	Garam Masala, mittelscharf
	Salz
350 ml	Wasser
150 ml	Malventee
	saure Sahne

Polentakuchen mit Zucchinifüllung

Wer spätestens nach diesem Gericht noch kein Fan von Polenta ist, ist selbst schuld.

▶ 8 Stück
harmonisierend und vitalisierend
auch für abends
30 Min. + 32 Min. Garzeit + 25 Min. Backzeit

600 ml Wasser
Salz
½ TL Zitronensaft
½ TL Paprika edelsüß
1 EL Butter
150 g Polenta (Maisgrieß)
1 Msp. Muskatnuss
3 TL Ghee oder Olivenöl
3 EL Mandelblättchen
2 mittelgroße Zucchini
1 Zwiebel
3 EL Olivenöl
¼ TL schwarzer Pfeffer
Salz
2 EL Zitronensaft
1 Zweig frischer oder getrockneter (½ Zweig) Rosmarin

- Wasser und Salz in einen Topf geben, Zitronensaft zufügen, Paprika einstreuen, Butter zugeben, alles zum Kochen bringen. Dann den Maisgrieß unter Rühren einstreuen und Muskatnuss unterrühren. Bei geschlossenem Deckel für 5 Min. auf kleinster Flamme kochen und gelegentlich umrühren. Danach für weitere 15 Min. auf ausgeschalteter Herdplatte ausquellen lassen.
- In der Zwischenzeit 1 TL Ghee in eine Pfanne geben, erhitzen und die Mandelblättchen für ca. 2 Min. rösten, bis sie angenehm nussig riechen. Die Mandelblättchen auf einen Unterteller geben.
- Zucchini waschen, der Länge nach halbieren und in dünne Scheiben schneiden. Die Zwiebel abziehen und in kleine Würfel schneiden. Das restliche Ghee in der Pfanne erhitzen, Zwiebel zugeben, für 3 Min. anbraten, die Zucchini zufügen und für weitere 2 Min. mit anbraten. Dann alles für 5 Min. mit geschlossenem Deckel auf kleiner Hitze dünsten.
- Das Olivenöl mit Pfeffer, Salz und Zitronensaft in einer kleinen Schüssel verrühren. Den Rosmarinzweig mit heißem Wasser waschen, die Nadeln abstreifen und mit der Ölsauce vermischen.
- Die Polentamasse in eine leicht gefettete Quicheform füllen und gleichmäßig ausstreichen.
- Die Zucchinischeiben lamellenartig auf die Polenta legen, die Rosmarin-Öl-Mischung über die Zucchini gießen und zum Schluss die Mandelblättchen auf dem Polenta-Zucchini-Kuchen verteilen. Im vorgeheizten Backofen bei 180 Grad (Umluft 160 Grad) für 25 Min. auf der mittleren Schiene backen.

▶ Variation

Statt Zucchini können auch Möhren oder Paprika verwendet werden.

Tipp

Wenn Sie die Polenta gerne bissfest haben möchten, dann nehmen Sie die Polenta nach einer Backzeit von ca. 15 Min. heraus, lassen sie für etwa 15 Min. abkühlen und stellen sie dann für weitere 10 Min. in den heißen Backofen. So wird sie schön fest, lässt sich besser in Stücke schneiden und bleibt beim Herausnehmen formschön.

Milde Polenta-Fenchel-Lasagne

Eine leckere Alternative zur klassischen Lasagne, die mit verschiedenen Gemüsesorten variiert werden kann.

▶ 2 × 2 Portionen
harmonisierend
25 Min. + 23 Min. Garzeit
+ 40 Min. Backzeit

1 EL Ghee oder Butter
6 EL Walnüsse gehackt
2 große Fenchelknollen (ca. 500 g)
1 Msp. Muskatnuss
1 TL scharfer Senf
Salz
3 EL Wasser
abgeriebene Schale von 1 Zitrone
1 l heißes Wasser
½ TL Paprika edelsüß
2 EL Butter
140 g Polenta
1 Ei
1 Msp. Muskatnuss
Salz
½ TL Zitronensaft
150 g Schafskäse (Feta)

- Ghee in eine Pfanne geben. Die Walnüsse grob hacken, den Fenchel waschen, putzen und in dünne Streifen schneiden. Das Ghee erhitzen und die Walnüsse kurz darin anrösten, den Fenchel zufügen und für ca. 3 Min. mit anbraten, Muskatnuss, Senf und Salz jeweils unterrühren, 3 EL Wasser zugeben und für 20 Min. auf kleiner Flamme garen. Zum Schluss die abgeriebene Zitronenschale zugeben.
- In der Zwischenzeit das heiße Wasser in einen mittelgroßen Topf geben, Paprika und Butter zufügen und dann das Wasser zum Kochen bringen. Polenta unter ständigem Rühren einstreuen, kurz aufkochen lassen, anschließend bei kleiner Hitze für 5 Min. köcheln lassen.
- Danach die Polentamasse für weitere 10 Min. auf warmer, ausgeschalteter Herdplatte ausquellen lassen. Ei zugeben und kräftig umrühren, Muskatnuss unterrühren, Salz einstreuen, den Zitronensaft zugeben und nochmals alles gut miteinander mischen. Die Polentamasse direkt weiterverarbeiten, sonst wird sie zu fest, um sie gleichmäßig in die Auflaufform zu gießen.
- Eine Auflaufform in der Größe von ca. 20 × 30 cm und 8 cm Höhe mit etwas Butter einfetten, die Hälfte der Polentamasse einfüllen, glatt streichen, Schafskäse zerkrümeln und darauf streuen. Dann den Fenchel gleichmäßig verteilt in die Form geben und zum Schluss die restliche Polentamasse auf den Fenchel geben und glatt streichen.
- Den Auflauf im vorgeheizten Backofen bei 180 Grad (Umluft 160 Grad) für 40 Min. auf mittlerer Schiene backen. Die Lasagne vor dem Servieren etwas abkühlen lassen.

▶ **Variation**

Fenchel kann durch Möhren oder Spitzkohl ersetzt und die Walnüsse gegen Haselnüsse ausgetauscht werden.

▶ **Das passt dazu**

Tomatensalat mit frischer Minze (S. 63) oder Eichblattsalat mit Birnensauce (S. 63).

Tipp

Die Spitzkohlvariante müssen Sie probieren, die überzeugt selbst diejenigen, die Kohl gewöhnlich nicht mögen.

Quinoa-Lauch-Gratin

Das etwas andere Gratin. Einfach köstlich!

▶ 2 Portionen

vitalisierend

20 Min. + 30 Min. Garzeit + 15 Min. Backzeit

250 ml Wasser · Salz · ½ saurer Apfel · ½ TL Paprika edelsüß · 100 g Quinoa · 2 Stangen Lauch · 2 Msp. Garam Masala, mittelscharf · 3 EL Wasser · 1 TL Zitronensaft · 100 g Schafskäse (Feta oder Hartkäse) · 1 TL flüssiger Honig · 1 EL Butter

- Wasser und Salz in einen Topf geben, den halben Apfel schälen, entkernen, die Hälfte davon reiben und zu dem Wasser geben. Paprika einstreuen, Quinoa gut mit heißem Wasser waschen und ebenfalls zufügen. Alles aufkochen und bei kleiner Hitze für 20 Min. garen. Danach für weitere 10 Min. auf der warmen Herdplatte ausquellen lassen.
- Den Lauch putzen, der Länge nach aufschneiden und waschen. Dann in dünne Streifen schneiden und in einen Topf geben. Garam Masala und Salz einstreuen, Wasser zugeben und alles zum Kochen bringen. Danach auf kleiner Flamme für ca. 10 Min. dünsten, bis der Lauch weich ist. Währenddessen das restliche Apfelstück in eine kleine Schüssel reiben, Zitronensaft darauftr äufeln, Schafskäse zerbröseln und zugeben. Zum Schluss den Honig einrühren und alles gut miteinander vermischen.
- Eine flache, feuerfeste Form mit etwas Butter einfetten, die warme Quinoamasse einfüllen, die Butter darauf verteilen und anschließend mit dem Lauch bedecken. Das Schafskäsegemisch gleichmäßig über den Lauch streuen.
- Das Gratin im vorgeheizten Backofen bei 200 Grad (Umluft 180 Grad) für 15 Min. auf mittlerer Schiene backen.

▶ Variation

Lauch kann durch Frühlingszwiebeln (etwa 500 g) ersetzt und Quinoa gegen Hirse oder Amaranth ausgetauscht werden.

Goldgelbe Polenta mit Schafskäse

Ein wunderbar einfach zuzubereitendes Gericht, das jeden Gast begeistert.

▶ 8 Stück

harmonisierend und vitalisierend

auch für unterwegs

15 Min. + 15 Min. Garzeit + 45 Backzeit

1 l Wasser · 1 TL Paprika edelsüß · 1 EL Butter · 250 g Polenta ½ TL Koriander · Salz · 1 TL Zitronensaft · 200 g Schafskäse (Feta) · 1 Ei

- Wasser in einen Topf geben und zum Kochen bringen, Paprika einstreuen, Butter zugeben, kurz warten, bis die Butter geschmolzen ist, dann den Topf vom Herd nehmen, Maisgrieß unter Rühren einstreuen, Koriander und Salz unterrühren, unter Rühren kurz zum Kochen bringen, dann bei geschlossenem Deckel für 5 Min. auf kleinster Hitze kochen und gelegentlich umrühren. Danach für weitere 10 Min. auf ausgeschalteter Herdplatte ausquellen lassen.
- Zitronensaft zufügen, Schafskäse zerbröseln und zugeben, Ei unterrühren und alles nochmals gut miteinander vermischen.
- Im vorgeheizten Backofen bei 180 Grad (Umluft 160 Grad) für 30 Min. auf der mittleren Schiene backen, dann für 15 Min. herausnehmen und abkühlen lassen. Danach für weitere 15 Min. bei 180 Grad (Umluft 160 Grad) backen. In der Zwischenzeit den Backofen ausschalten.

Tipp

Wenn die Polenta zwischen dem Backen abgekühlt wird, wird sie schön fest. Sie lässt sich so besser in Stücke schneiden und bleibt beim Herausnehmen formschön.

▶ Das passt dazu

Zarter Kohlrabi mit frischem Dill (S. 68), Herzhaft-fruchtiger Brokkoli mit gerösteten Mandeln (S. 71), Herbstliches Rotkohlgemüse mit Maronen (S. 70), Kidneybohnen in feinem Lauchgemüse (S. 100) oder Gurkensalat in Leinöl-Senf-Sauce (S. 63).

Frühsommerliche Gerstencreme

Die kernige Getreidecreme veredelt jede Kartoffel, die dazu gereicht wird.

▶ 2 Portionen
harmonisierend
auch für unterwegs
25 Min. + 40 Min. Garzeit + 30 Min. Ruhezeit

100 g Nacktgerste · 1 Lorbeerblatt · 300 ml Wasser · Salz · 1 Ei · 1 Bund Radieschen · 1 Bund Schnittlauch · abgeriebene Schale von ½ Zitrone · 200 g saure Sahne · ½ TL Paprika edelsüß · 1 Msp. Rohrohrzucker · ½ TL Kreuzkümmel

- Die Nacktgerste über Nacht oder mindestens 2 Stunden einweichen. Gerste in einen Topf geben, Lorbeerblatt zugeben, Wasser zugießen, Salz einstreuen, alles aufkochen und für 40 Min. köcheln, bis die Gerste weich ist. Den Topf noch 10 Min. auf ausgeschalteter Herdplatte stehen und dann abkühlen lassen.
- In der Zwischenzeit das Ei 10 Min. in einem Topf mit Wasser kochen. Das Ei pellen, in kleine Würfel schneiden und in eine Schüssel geben.
- Die Radieschen putzen, waschen, würfeln und ebenfalls zugeben. Schnittlauch waschen, trocken schütteln, in feine Röllchen schneiden und zufügen. Salz einstreuen und Zitronenschale unterrühren. Saure Sahne, Paprika und Zucker zugeben und alles gut miteinander verrühren. Die fertige Gerste untermischen und zum Schluss den Kreuzkümmel zugeben. Die fertige Gerstencreme vor dem Servieren noch ca. 30 Min. durchziehen lassen.

▶ Das passt dazu
Pellkartoffeln.

Tipp
Bei der Verwendung von Graupen müssen diese nicht eingeweicht werden. Graupen sind gewöhnlich leichter verdaulich als Nacktgerste, wiewohl sie nicht mehr alle Bestandteile des vollen Korns enthalten.

Bulgurrisotto mit Fenchel und Minzsauce

Lecker! Lecker! Lecker!

▶ 2 Portionen
erfrischend und vitalisierend
auch für unterwegs
25 Min. + 20 Min. Garzeit

Für das Risotto: 1 EL Ghee oder Olivenöl · 1 Zwiebel · 2 mittelgroße Fenchelknollen · ½ Zimtstange · Salz · 70 g Dinkel-Bulgur, grobkörnig · 1 Msp. Kakao · ½ TL Honig · 2 Msp. Muskat · 125 ml Wasser
Für die Minzsauce: 1 TL Zitronensaft · ¼ TL Paprika edelsüß · 2 Msp. Rohrohrzucker · ¼ TL Kreuzkümmel · 40 Blatt frische oder getrocknete (1 EL) Minze · Salz · 200 g Joghurt

- Ghee in einen Topf geben, Zwiebel abziehen und würfeln, Fenchel waschen, putzen und in feine Streifen schneiden. Ghee erhitzen, die Zwiebel zugeben und für 3 Min. anbraten, Fenchel, Zimtstange, Salz, Bulgur, Kakao, Honig und Muskat zufügen und unter Rühren weiter 2 Min. andünsten. Das Wasser zugießen, kurz aufkochen lassen und bei geschlossenem Deckel für 15 Min. bei kleiner Hitze dünsten.
- Zitronensaft, Paprika und Zucker in eine kleine Schüssel geben. Die Minze waschen, trocken schütteln, fein hacken und ebenfalls zufügen. Salz einstreuen und zum Schluss den Joghurt unterrühren.

▶ Variation
Der Fenchel kann durch Möhren, Kürbis oder Erbsen, jeweils ca. 500 g, ersetzt werden. Das Bulgurrisotto schmeckt auch ohne Minzsauce köstlich.

▶ Frühsommerliche Gerstencreme

Knusprige Quinoa-Hirse-Küchlein

Da freuen sich Gaumen und Ohren!

▶ 18 Stück
vitalisierend
auch für unterwegs
30 Min. + 35 Min. Garzeit

60 g Quinoa · 60 g Hirse · ¼ TL schwarzer Pfeffer · ¼ TL Muskatnuss · Salz · 300 ml Wasser · 30 g Dinkelmehl (1050) · 30 g Frischkäse · ½ TL Paprika edelsüß · 1 Ei · 2 EL Schnittlauch · 2 EL Ghee oder Olivenöl

- Quinoa und Hirse gut mit heißem Wasser waschen und dann in einen Topf geben. Pfeffer, Muskatnuss, Salz und Wasser zugeben. Alles kurz aufkochen und für 25 Min. auf kleiner Hitze garen.
- Dinkelmehl in die etwas abgekühlte, fertige Getreidemasse einrühren. Frischkäse, Paprika und Ei unterrühren und alles gut miteinander vermischen. Schnittlauch waschen, trocken schütteln, in kleine Röllchen schneiden und unterheben.
- Kleine, möglichst flache Küchlein aus der Masse formen und in einer Pfanne mit Ghee von beiden Seiten knusprig braten.

▶ Das passt dazu

Goldgelbe Steckrüben mit Birnenbuttersauce (S. 75), Berglinsengericht indisch (S. 97), Grüne Linsen in Champignon-Oliven-Sauce (S. 96), Gurkensalat mit Leinöl-Senf-Sauce (S. 63), Suppe.

Spaghetti mit Tomaten-Minz-Sauce

Ein köstlich erfrischendes Nudelgericht.

▶ 2 Portionen
erfrischend und vitalisierend
40 Min. + 8 Min. Garzeit
+ 2 Std. Ruhezeit

4 mittelgroße Tomaten (ca. 400 g) · abgeriebene Schale von ½ Zitrone · 1 Msp. Kakao · 8 EL Olivenöl · 1 Topf frischer Basilikum · 60 Blatt frische Minze · 2 TL schwarzer Pfeffer · Salz · Wasser · 250 g Dinkelspaghetti · Schafskäse (Peccorino)

- Die Tomaten waschen, den Stielansatz entfernen, kurz mit heißem Wasser übergießen, enthäuten, entkernen, in kleine Würfel schneiden und in eine Schüssel geben. Die Zitronenschale zu den Tomaten geben. Kakao einstreuen und Olivenöl zugeben. Basilikum waschen, trocken schütteln und die Blätter fein schneiden. Das Gleiche mit der Minze tun. Zum Schluss Pfeffer und Salz unterrühren. Alles für ca. 2 Stunden durchziehen lassen und gelegentlich umrühren.
- Einen großen Topf mit Wasser und etwas Salz zum Kochen bringen. Die Nudeln zugeben und für ca. 8 Min. bissfest kochen. Dann abgießen, die Nudeln in die Schüssel mit der Tomatensauce geben und alles gut miteinander mischen. Bei Belieben etwas Peccorino darüberreiben.

Fettucine in Grün

Ungewöhnliche Kombination, ungewöhnlich gut im Geschmack.

▶ 2 Portionen
erfrischend und vitalisierend
15 Min. + 12 Min. Garzeit

250 g Fettucine · 2 EL Ghee oder Olivenöl · 2 mittelgroße Zucchini · ½ TL Koriander · ¼ TL schwarzer Pfeffer · Salz · 1 TL Zitronensaft · 1 Zweig frischer Rosmarin · 50 g Schafskäse (Feta)

- Einen großen Topf mit Wasser und etwas Salz zum Kochen bringen. Die Nudeln zugeben und bissfest, ca. 8 Min., kochen. Dann das Wasser abgießen und die Nudeln wieder in den warmen Topf geben.
- Das Ghee in einen großen Topf geben, die Zucchini waschen und raspeln. Das Ghee erhitzen, die Zucchini zugeben, für 2 Min. andünsten, Koriander, Pfeffer und Salz einstreuen und auf kleiner Hitze mit geschlossenem Deckel für 2 Min. dünsten.
- Den Zitronensaft über die Zucchini träufeln, den Rosmarinzweig heiß waschen, die Nadeln abstreifen und ebenfalls zugeben. Den Schafskäse zerbröseln und mit den Zucchini vermischen. Das fertige Gemüse mit den Nudeln vermischen.

▶ Variation

Den Schafskäse durch Ziegenfrischkäse ersetzen, Rosmarin durch frische Salbeiblätter.

Spaghetti mit nussigem Grünspargel

Der köstliche Wildspargel in ebenso köstlich nussiger Sauce.

▶ 2 Portionen

harmonisierend und kräftigend

20 Min. + 12 Min. Garzeit

Wasser · Salz · 250 g Dinkelspaghetti · 300 g grüner Spargel · 8 Walnüsse · 2 EL Ghee oder Butter · 1 TL Koriander · 1/4 TL Muskatnuss · Salz · 3 EL frische Petersilie · 2 Msp. Kurkuma · 150 g Sahne

- Einen großen Topf mit Wasser und etwas Salz zum Kochen bringen. Die Nudeln zugeben und für ca. 8 Min. bissfest kochen. Dann das Wasser abgießen und die Nudeln warm halten.
- In der Zwischenzeit den Spargel waschen und in ca. 1 cm große abgeschrägte Stücke schneiden. Die Walnüsse klein hacken, Ghee in einen Topf geben und erhitzen. Walnüsse zugeben und für ca. 2 Min. leicht rösten. Spargel, Koriander und Muskatnuss zufügen, kurz mit anbraten, dann das Salz zugeben und alles für 8 Min. bei milder Hitze dünsten.
- Petersilie putzen, waschen, trocken schütteln, fein hacken und zufügen. Kurkuma einstreuen und Sahne angießen. Alles nochmals kurz erhitzen und bei kleiner Wärmezufuhr für 2 Min. durchziehen lassen.
- Die Spargelsauce über die Nudeln geben und gut miteinander mischen.

Penne mit Tofu-Austernpilz-Sauce

Dieses Gericht begeistert selbst diejenigen, die mit Tofu bislang wenig anfangen konnten.

▶ 2 Portionen
kräftigend und vitalisierend
20 Min. + 30 Min. Garzeit
200 g Dinkelpenne · 200 g Austernpilze · 2 EL Ghee oder Olivenöl · 1 Zwiebel · 1/4 TL schwarzer Pfeffer · 200 g Tofu · Salz · 2 EL Weißwein · 1/2 TL Paprika edelsüß · 100 ml Sahne

- Einen großen Topf mit Wasser und etwas Salz zum Kochen bringen. Die Nudeln zugeben und bissfest, ca. 8 Min., kochen. Dann das Wasser abgießen und die Nudeln wieder in den warmen Topf geben.
- In der Zwischenzeit die Austernpilze waschen, putzen, den unteren Teil des Stiels abschneiden und die Pilze mit den Händen in dünne, längliche Stücke – vom Hutende zum Stielende hin – reißen.
- Das Ghee in eine Pfanne geben, die Zwiebel abziehen und würfeln, das Ghee erhitzen, die Zwiebel zugeben, für 2 Min. anbraten, Pfeffer einstreuen, Tofu mit den Händen in kleine Stücke zerbröseln, zugeben und alles für weitere 12–15 Min. anbraten, bis der Tofu leicht angebräunt ist. Das Salz einstreuen, Weißwein, Rosenpaprika und Pilze zugeben. Bei geschlossenem Deckel etwa für 15–20 Min. dünsten, bis die Pilze weich sind.
- Zum Schluss die Sahne unterrühren. Die Sauce portionsweise über die warmen Nudeln geben.

▶ Variation

Die Zwiebel kann durch eine Frühlingszwiebel ersetzt werden, der Weißwein durch 1 TL Zitronensaft und die Austernpilze können durch Champignons (kürzere Garzeit!) ausgetauscht werden.

Grüne Linsen in Champignon-Oliven-Sauce

Die guten alten Tellerlinsen, auf köstlich mediterrane Weise zubereitet.

▶ 2 Portionen
kräftigend und vitalisierend
25 Min. + 35 Min. Garzeit
150 g grüne Tellerlinsen · 1 Zwiebel · 1 Knoblauchzehe · 400 ml Wasser · Salz · 1 TL Apfelessig · 1 EL Olivenöl · 200 g Champignons · 1/4 TL Garam Masala, mittelscharf · Salz · 2 EL frische Petersilie · 12 milde schwarze Oliven (Kalamata) · 1 EL Butter

- Zwiebel und Knoblauchzehe abziehen, als Ganzes in den Topf geben und Wasser zugießen.
- Die Linsen waschen, in einen Topf geben. Zwiebeln und Knoblauch abziehen und als Ganzes in einen Topf geben. Alles aufkochen und bei milder Hitze für 30 Min. garen. Zum Schluss der Garzeit Zwiebel und Knoblauchzehe herausnehmen und Salz und Apfelessig zugeben.
- In der Zwischenzeit das Olivenöl in eine Pfanne geben. Die Pilze putzen, waschen und in dünne Scheiben schneiden. Olivenöl erhitzen und Pilze für etwa 10 Min. dünsten. Garam Masala und Salz zugeben. Die Petersilie putzen, waschen, trocken schütteln, klein hacken und ebenfalls zugeben. Oliven in feine Ringe schneiden und untermischen. Zum Schluss die Butter zugeben und gleichmäßig unterrühren.
- Die fertigen Pilze zu den Linsen geben, miteinander mischen und für ca. 5 Min. zusammen garen.

▶ Das passt dazu

Raffinierte Mangold-Hirse-Küchlein (S. 75), Knusprige Quinoa-Hirse-Küchlein (S. 94) oder einfach Rundkornreis (S. 34) oder Hirse (S. 33).

Berglinsengericht indisch

Überzeugt durch seinen hervorragenden Geschmack und seine gute Verträglichkeit.

▶ 2 Portionen
kräftigend und vitalisierend
auch für abends
10 Min. + 40 Min. Garzeit

150 g Berglinsen · 1 Zwiebel · 1 Lorbeerblatt · 1 Stück frischer Ingwer (ca. 2 cm) · 400 ml Wasser · 1 TL Zitronensaft · 1 Msp. Kurkuma · 1 TL Honig · 1 TL Kreuzkümmel · 1 TL Koriander · Salz · saure Sahne

- Die Linsen waschen, in einen Topf geben, Zwiebel abziehen und als Ganzes in den Topf geben. Lorbeerblatt zufügen, Ingwer schälen und ebenfalls zugeben. Wasser zugießen. Alles aufkochen und bei milder Hitze für 30 Min. garen.
- Zitronensaft, Kurkuma und Honig zugeben, Kreuzkümmel, Koriander und Salz einstreuen. Danach für weiter 10 Min. bei milder Hitze durchziehen lassen.

Tipp

Nach Belieben kann etwas saure Sahne zugegeben werden. Die Zwiebel kann, muss aber nicht gegessen werden.

▶ Variation

Für ein mildes Linsengericht den Ingwer weglassen.

▶ Das passt dazu

Sesamkartoffeln (S. 71), Raffinierte Mangold-Hirse-Küchlein (S. 75), Knusprige Quinoa-Hirse-Küchlein (S. 94) oder einfach Basmatireis (S. 34).

Linsenfladen mit bunter Gemüsefüllung

Hülsenfrüchte in Bestform! Köstlich und besonders gut verträglich.

▶ 2 Portionen
kräftigend und vitalisierend
auch für unterwegs
25 Min. + 35 Min. Garzeit + 45 Min. Backzeit

150 g braune Linsen
1 Lorbeerblatt
300 ml Wasser
2 EL Olivenöl
1 Zwiebel
2 Möhren
½ Stange Staudensellerie
50 g Haferflocken, Kleinblatt
½ TL Garam Masala, mittelscharf
Salz
1 TL Zitronensaft
½ TL Paprika edelsüß
3 EL Dinkelvollkornmehl
2 EL frischer Schnittlauch
1 Ei

- Die Linsen waschen, in einen Topf geben, das Lorbeerblatt und das Wasser zugeben. Alles aufkochen und bei milder Hitze für 30 Min. kochen. Danach für weiter 5 Min. auf ausgeschalteter Herdplatte ausquellen lassen.
- In der Zwischenzeit Olivenöl in einen Topf geben, die Zwiebel abziehen und in kleine Würfel schneiden, die Möhren schälen und klein raspeln, den Sellerie waschen und ich dünne Scheiben schneiden. Das Öl erhitzen, zuerst die Zwiebeln für 5 Min. anbraten, dann die Karotten und den Sellerie zugeben und kurz mit anbraten. Danach auf kleiner Flamme bei geschlossenem Deckel für 10 Min. dünsten.
- Die Haferflocken zu dem fertig gedünsteten Gemüse geben, Garam Masala und Salz einstreuen, Zitronensaft zugeben, Paprika einstreuen, Dinkelmehl unterrühren, Schnittlauch waschen, trocken schütteln, in kleine Röllchen schneiden und einstreuen, dann das Ei mit der restlichen Masse verrühren.
- Die Linsen mit einer Gabel zu einem Brei zerdrücken und anschließend mit der Gemüse-Haferflocken-Masse vermischen.
- Ein Backblech leicht fetten, in die Mitte den Linsenteig geben und mit einem Löffel zu der Form eines Fladens, mit einer Höhe von ca. 1 cm, glatt streichen.
- Im vorgeheizten Backofen bei 190 Grad (Umluft 170 Grad) für etwa 45 Min. backen.

▶ Das passt dazu

Gurkengemüse mit Dill-Muskat-Sauce (S. 76), Rosenkohl mit gerösteten Mandelblättchen (S. 76), Rotes Paprikagemüse mit Salbei (S. 64), Möhren mit Honigsafran (S. 77), Scharfes Gemüsecurry mit Kartoffeln und Fenchel (S. 70) oder eine Gemüsesuppe.

Goldgelbe Tofuwürfel im Sesammantel

Leckere Zubereitungsvariante des vielseitig verwendbaren Bohnenquarks.

▶ 2 Portionen
kräftigend
auch für unterwegs
15 Min. + 1 Std. Marinierzeit
+ 10 Min. Garzeit

1 TL Rohrohrzucker · 1 Stück Ingwer (2 cm) · ½ TL Koriander · 2 EL Sojasauce · 300 g Tofu · 6 EL Sesamsamen (ca. 50 g) 2 EL Dinkelmehl (1050) · 1 EL Ghee

- Zucker in eine flache Schüssel geben, Ingwer schälen, reiben und zugeben, Koriander einstreuen, Sojasauce zugeben und alles miteinander vermischen.
- Den Tofu in etwa 3 cm große Würfel schneiden, mit der Sauce vermischen und für 1 Stunde kühl stellen.
- Sesamsamen und Dinkelmehl auf einem großen Teller mischen und die Tofuwürfel darin wälzen.
- Ghee in eine Pfanne geben, erhitzen und die Tofuwürfel etwa 10 Min. darin braten.

▶ Das passt dazu

Scharfes Gemüsecurry mit Kartoffeln und Fenchel (S. 70), Hirsetabbouleh (S. 78), Gurkensalat in Leinöl-Senf-Sauce (S. 63) oder Frische Erbsen mit geröstetem Sesam (S. 73).

Tofuhaschee mit würziger Sauce

Dieses fleischlose Haschee überzeugt selbst Fleischliebhaber durch seinen lecker würzigen Geschmack.

▶ 2 Portionen
kräftigend und erfrischend
30 Min. + 26 Min. Garzeit
300 g Tofu · 6 EL Sojasauce · 1 EL Ghee oder Olivenöl · 2 große Zwiebeln · 1 Knoblauchzehe · 3 TL Koriander · 1 Dose Bio-Tomaten (400 g Füllgewicht/250 g Abtropfgewicht) · 1 TL Paprika edelsüß · 1 TL Oregano · 100 ml Rotwein · ½ TL Rohrohrzucker · 1 TL schwarzer Pfeffer · 150 ml Wasser

- Tofu zerbröseln und in eine flache Schüssel geben, Sojasauce zugeben und gut mit den Tofubröseln vermischen.
- Das Ghee in eine Pfanne geben, Zwiebeln und Knoblauch abziehen und klein hacken, Ghee erhitzen, Zwiebeln und Knoblauch zugeben und kurz, etwa 1 Min., anbraten. Koriander kurz mitrösten, Tofubrösel zugeben und alles so lange, etwa 10 Min., unter ständigem Rühren auf hoher Temperatur braten, bis der Tofu goldbraun ist. Dann die Hitzezufuhr etwas verringern.
- Tomaten zugeben, Paprika und Oregano einstreuen, Rotwein zugeben, Zucker einstreuen, Pfeffer und zum Schluss Wasser zugeben. Alles nochmals kurz aufkochen und dann für ca. 15 Min. auf niedrigster Temperatur garen.

▶ Variation
Statt Rotwein kann Rote-Bete-Saft verwendet werden. Und je nachdem, ob die Sauce dick- oder dünnflüssig sein soll, Wassermenge etwas variieren.

▶ Das passt dazu
Tofuhaschee passt wunderbar zu Spaghetti oder Pellkartoffeln.

Tipp
Falls Sie Spaghetti dazu kochen, kann statt Wasser das Nudelwasser für die Sauce verwendet werden. Das macht sie noch sämiger.

Kidneybohnen in feinem Lauchgemüse

Geschmacklich wie farblich eine außerordentlich gelungene Komposition.

▶ 2 Portionen
kräftigend
30 Min. + 95 Min. Garzeit
150 g Kidneybohnen · 1 Lorbeerblatt · Wasser · Salz · 1 TL Apfelessig · ¼ TL Paprika edelsüß · 1 EL Butter · 2 EL Ghee oder Butter · 2 kleine Stangen Lauch · 1 TL Kreuzkümmel · 1 Stück Ingwer (2 cm) · 2 EL saure Sahne · 3 EL Rotwein

- Kidneybohnen über Nacht oder für 10–12 Stunden tagsüber in der etwa 4-fachen Menge Wasser einweichen. Einweichwasser wegschütten und Kidneybohnen mit kaltem Wasser abspülen.
- Kidneybohnen und Lorbeerblatt in einen Topf geben und so viel Wasser zugießen, bis das Wasser fingerbreit über den Bohnen steht. Das Wasser zum Kochen bringen und für ca. 90 Min. köcheln, bis die Bohnen weich sind. Das verbliebene Wasser abgießen, Lorbeerblatt entnehmen, Salz, Apfelessig, Paprika und Butter zufügen.
- Ghee in eine Pfanne geben. Lauch putzen, der Länge nach aufschneiden, waschen und in dünne Halbringe schneiden. Ghee erhitzen, Lauch und Kreuzkümmel zugeben und für 5 Min. andünsten. Ingwer schälen, fein reiben und zugeben. Alles mit geschlossenem Deckel für 5 Min. dünsten, bis der Lauch weich ist.
- Die fertigen Kidneybohnen zum Lauch geben, Salz einstreuen, saure Sahne zufügen, Rotwein einrühren und für 5 Min. auf kleiner Hitze durchziehen lassen.

▶ Variation
Lauch kann durch Frühlingszwiebeln (2 Bund), Rotwein durch Rote-Bete-Saft ersetzt werden.

▶ Das passt dazu
Goldgelbe Polenta mit Schafskäse (S. 91) oder einfach Langkornreis (S. 34), Hirse (S. 33) oder Quinoa (S. 36).

Kichererbsen mit mildem Weißkohlgemüse

Nussige Kichererbsen mit mildem Weißkohlgemüse – lecker.

▶ 2 (große) Portionen

harmonisierend und vitalisierend

30 Min. + 100 Min. Garzeit

150 g Kichererbsen · 1 Lorbeerblatt · Wasser · Salz · 1 TL Apfelessig · ¼ TL Paprika edelsüß · 1 TL Butter · 1 kleiner oder ½ Weißkohl (ca. 700 g) · 2 EL Ghee oder Olivenöl · 1 große Zwiebel · 1 TL Kreuzkümmel · 1 TL Koriander · 1 EL Kümmel ganz · ¼ l Wasser

- Kichererbsen über Nacht oder für 10–12 Stunden tagsüber in der etwa 4-fachen Menge Wasser einweichen. Einweichwasser wegschütten und Kichererbsen mit kaltem Wasser abspülen.
- Kichererbsen und Lorbeerblatt in einen Topf geben, so viel Wasser zugießen, bis das Wasser fingerbreit über den Kichererbsen steht. Das Wasser zum Kochen bringen und für ca. 90 Min. köcheln, bis die Kichererbsen weich sind. Das verbliebene Wasser abgießen, Lorbeerblatt entnehmen, Salz, Apfelessig, Rosenpaprika und Butter zufügen.
- Den Strunk und die äußeren Schalen vom Weißkohl entfernen, Kohl waschen und in dünne Streifen hobeln oder schneiden.
- Ghee in einen Topf geben, Zwiebel abziehen und klein hacken. Ghee erhitzen, Zwiebel zugeben und für 5 Min. anbraten. Den Kohl für ca. 2 Min. mitdünsten, dann Kreuzkümmel, Koriander, Kümmel, Salz und Wasser zugeben. Alles kurz aufkochen und für etwa 15 Min. dunsten, bis der Kohl weich ist.
- Die fertigen Kichererbsen zu dem Weißkohl geben, miteinander vermischen, kurz aufkochen und für 10 Min. köcheln lassen.

▶ Variation

Weißkohl kann durch Spitzkohl ausgetauscht werden.

▶ Das passt dazu

Hirse (S. 33) oder einfach Kartoffeln.

Kräftigendes Borlottibohnen-Möhren-Gemüse

Wird selbst in der wärmeren Jahreszeit gerne gegessen.

▶ 2 Portionen

kräftigend

15 Min. + 65 Min. Garzeit

100 g Borlottibohnen · 1 Kardamomkapsel · Wasser · Salz · 1 TL Apfelessig · ¼ TL Paprika edelsüß · 2 TL Butter · 2 EL Ghee · 1 große Zwiebel · 3 mittelgroße Möhren · 1 TL Koriander · ¼ TL Muskatnuss · 100 g Basmatireis

- Borlottibohnen über Nacht oder für 10–12 Stunden tagsüber in der etwa 4-fachen Menge Wasser einweichen. Einweichwasser wegschütten und Borlottibohnen mit kaltem Wasser abspülen.
- Bohnen und Kardamomkapsel in einen Topf geben, so viel Wasser zugießen, bis das Wasser fingerbreit über den Bohnen steht. Das Wasser zum Kochen bringen und für ca. 30 Min. köcheln, bis die Bohnen weich sind. Kardamomkapsel entnehmen, Salz, Apfelessig, Paprika und Butter zufügen.
- Etwa 10 Min. bevor die Bohnen gar sind, Ghee in eine Pfanne geben. Die Zwiebeln abziehen und würfeln, Möhren schälen oder mit einer Gemüsebürste putzen, waschen und in dünne Scheiben schneiden. Ghee erhitzen, die Zwiebel zugeben und für 5 Min. anbraten. Möhren zugeben, Koriander und Muskatnuss einstreuen, Basmatireis und Salz zugeben.
- Zum Schluss alles zu den gekochten Bohnen geben, kurz aufkochen und für 30 Min. garen lassen.

▶ Variation

Statt Möhren können Sie Wirsing, Kürbis oder Fenchel verwenden und anstatt Borlottibohnen Augenbohnen.

Die schnelle Einweichmethode ist auf S. 37 beschrieben.

Würzige Kichererbsen mit frischem Blattspinat

Die würzig, süßlich schmeckenden Kichererbsen ergeben mit dem frischen Blattspinat ein wunderbar abgerundetes Gericht.

▶ 2 Portionen
harmonisierend und vitalisierend
30 Min. + 95 Min. Garzeit

150 g Kichererbsen
1 Lorbeerblatt
Wasser
Salz
1 TL Apfelessig
1 Msp. Kakao
1 EL Butter
500 g Blattspinat
1 EL Ghee oder Butter
1 große Zwiebel
1 Knoblauchzehe
20 Blätter frisches oder getrocknetes (1 TL) Basilikum
50 ml Wasser
Salz
¼ saurer Apfel
½ TL Paprika edelsüß

- Kichererbsen über Nacht oder für 10 – 12 Stunden tagsüber in der etwa 4-fachen Menge Wasser einweichen. Einweichwasser wegschütten und Kichererbsen mit kaltem Wasser abspülen.
- Kichererbsen und Lorbeerblatt in einen Topf geben, so viel Wasser zugießen, bis das Wasser fingerbreit über den Kichererbsen steht. Das Wasser zum Kochen bringen und für ca. 90 Min. köcheln, bis die Kichererbsen weich sind. Das verbliebene Wasser abgießen, Lorbeerblatt entnehmen, Salz, Apfelessig, Kakao und Butter zufügen.
- In der Zwischenzeit den Spinat waschen und die groben Stiele an den Spinatblättern entfernen. Ghee in einen Topf geben, Zwiebeln und Knoblauch abziehen und klein hacken, Ghee erhitzen, Zwiebeln und Knoblauch zugeben und für 3 Min. anbraten. Basilikumblätter waschen, trocken schütteln, klein hacken und einstreuen, 50 ml Wasser zugießen und Salz zufügen. Das Apfelstück waschen, reiben und zugeben, Paprika einstreuen, den Spinat unterheben, alles kurz zum Kochen bringen und dann bei kleiner Hitze für 20 Min. dünsten.
- Die fertigen Kichererbsen unter den Spinat mischen, nochmals kurz erwärmen und für 5 Min. bei kleiner Hitze durchziehen lassen.

▶ Variation

Der Spinat kann durch Mangold, Basilikum durch Dill ausgetauscht werden. Sofern Sie TK-Spinat verwenden, verringert sich die Garzeit des Spinats auf 10 Min.

Tipp

Die schnelle Einweichmethode ist auf S. 37 beschrieben.

Mildes Bohnen-Kartoffel-Gemüse mit Dinkel

Herzhaftes Bohnengericht mit nussiger Dinkeleinlage.

▶ 2 Portionen
kräftigend und vitalisierend
20 Min. + 95 Min. Kochzeit

3 EL Olivenöl · 1 mittelgroße Zwiebel · 1 TL Anissamen · 150 g weiße Bohnen · 500 ml Wasser · 50 g Dinkel · 1 TL Paprika edelsüß · 3 mittelgroße Kartoffeln · 1 EL Butter · ½ TL weißer Pfeffer · Salz · 1 TL Erdbeermarmelade

- Bohnen über Nacht oder für 10–12 Stunden tagsüber in der etwa 4-fachen Menge Wasser einweichen. Einweichwasser wegschütten und kalt abspülen.
- Olivenöl in einen großen Topf geben, Zwiebel abziehen und klein hacken, Öl erhitzen, Zwiebel zugeben und für 4 Min. anbraten. Anissamen zufügen und für 1 Min. anrösten. Bohnen einrühren und Wasser zugeben, alles aufkochen und für 30 Min. köcheln lassen.
- Dinkel zugeben, Paprika einstreuen, zum Kochen bringen und für weitere 45 Min. garen. Die Kartoffeln schälen und klein würfeln. Kartoffeln und Butter zugeben, Pfeffer und Salz einstreuen, erneut aufkochen lassen und für 15 Min. bei milder Hitze garen. Erdbeermarmelade unterrühren.

▶ Variation
Anis kann durch Kümmel ausgetauscht werden.

Räucherforelle in Hagebuttensauce

Vitalisierendes »Räucherwerk« in würzig-fruchtigem Gemüse.

▶ 2 Portionen
vitalisierend
auch für abends
15 Min. + 20 Min. Garzeit

2 mittelgroße Fenchelknollen · 2 EL Olivenöl · 5 EL Haselnüsse, gemahlen ½ TL Koriander · Salz · 100 ml Hagebuttentee · 1 Msp. Kaffee · 1 Msp. Rohrohrzucker · 2 TL fertiger Meerrettich (Glas) · 2 Forellenfilets geräuchert (ca. 200 g)

- Fenchel putzen, waschen und in feine Streifen schneiden. Öl in einen Topf geben und erhitzen. Haselnüsse zufügen und für ca. 2 Min. anrösten. Fenchel zugeben und für 3 Min. andünsten, Koriander und Salz einstreuen.
- Hagebuttentee zum Gemüse geben. Alles kurz aufkochen und für 10 Min. bei milder Hitze garen. Kaffeepulver, Zucker und Meerrettich unterrühren.
- Die Forellenfilets auf das Gemüse legen und für ca. 5 Min. bei ausgeschalteter Herdplatte im geschlossenen Topf durchziehen lassen.

▶ Das passt dazu
Pellkartoffeln oder Vollkornlangkornreis (S. 34).

▶ Variation
Hagebuttentee kann mit Weißwein variiert werden.

Zanderhappen auf Frühlingszwiebeln

Mildes Fischgericht mit zitronig frischer Note.

▶ 2 Portionen
vitalisierend und harmonisierend
auch für abends
30 Min. + 25 Min. Garzeit

2 EL Ghee · 2 große Kartoffeln · 4 Frühlingszwiebeln · 1 TL scharfer Senf · Salz · 150 ml Wasser · 1 EL Zitronensaft · abgeriebene Schale von ½ Zitrone · ½ TL Paprika edelsüß · 100 g Sahne · 2 Msp. Muskatnuss · 250 g Zander · ¼ saurer Apfel

- Ghee in eine Pfanne geben. Kartoffeln schälen, der Länge nach achteln und in dünne Scheiben schneiden. Die Frühlingszwiebeln putzen, waschen und in dünne Ringe schneiden. Ghee erhitzen, Kartoffeln und Frühlingszwiebeln zugeben und für 5 Min. andünsten.
- Senf, Salz, Wasser, Zitronensaft und Zitronenschale zugeben. Alles nochmals für 5 Min. bei mittlerer Hitze kochen.
- Paprika, Sahne und Muskatnuss zugeben. Den Fisch waschen, in etwa 2 cm große Stücke schneiden und zum Gemüse geben. Apfelstück schälen, entkernen, fein reiben und ebenfalls zufügen. Alles bei milder Hitze für ca. 15 Min. garen, bis der Fisch weich ist. Nicht mehr rühren, damit der Fisch nicht zerfällt.

▶ Variation
Kabeljau statt Zander.

Lachsfilet auf würzigem Lauchgemüse

Der wohlschmeckende Klassiker mit dem kleinen nussigen Unterschied.

▶ 2 Portionen
kräftigend und vitalisierend
auch für abends
20 Min. + 10 Min. Garzeit + 20 Min. Backzeit

2 EL Ghee · 2 kleine Stangen Lauch · ¼ TL schwarzer Pfeffer · Salz · 2 Lachsfilet (ca. 200 g) Salz · 2 EL Zitronensaft · 2 EL Walnussöl · 1 EL getrockneter Dill · 2 TL scharfer Senf

- Ghee in einen Topf geben. Lauch putzen, der Länge nach aufschneiden, waschen und in Streifen schneiden. Ghee erhitzen, Lauch zugeben und für 5 Min. andünsten, Pfeffer zufügen und Salz einstreuen. Alles bei geschlossenem Deckel für weitere 5 Min. garen.
- Das Lachsfilet salzen und mit Zitronensaft beträufeln. Das Walnussöl in eine kleine Schüssel geben. Dill zum Öl geben. Senf unterrühren und alles gut miteinander vermischen. Den fertigen Lauch in eine leicht gefettete Auflaufform geben. Den Fisch darauflegen und mit der Dillsauce bestreichen.
- Den Lachs im vorgeheizten Backofen für 20 Min. bei 180 Grad (Umluft 160 Grad) auf mittlerer Schiene backen.

▶ Das passt dazu

Sesamkartoffeln (S. 71), Kartoffelbrei oder Vollkornlangkornreis (S. 34).

Seezunge auf würzigem Stangenselleriegemüse

Milder Fisch trifft würziges Gemüse in Bestform.

▶ 2 Portionen
vitalisierend und kräftigend
auch für abends
20 Min. + 15 Min. Garzeit
3 Stangen Sellerie · 2 EL Ghee oder Olivenöl · 1 Stück Ingwer (ca. 2 cm) · ½ TL Kreuzkümmel · 1 Msp. Muskatnuss · 1 Bund Brunnenkresse (ca. 100 g) · 300 g Seezunge · Salz · 1 EL Zitronensaft · 1 Msp. Kaffee · 100 g Sahne

- Sellerie putzen, waschen und in dünne Scheiben schneiden. 1 EL Ghee in eine Pfanne geben und erhitzen. Sellerie zugeben und für 5 Min. andünsten. Ingwer schälen, fein reiben und zufügen. Kreuzkümmel und Muskatnuss einstreuen. Die Brunnenkresse waschen, fein hacken und zu dem Sellerie geben. Alles nochmals für ca. 2 Min. bei milder Hitze durchziehen lassen. Dann das Gemüse aus der Pfanne nehmen.
- Den Fisch waschen, salzen und mit Zitronensaft beträufeln. 1 EL Ghee in die Pfanne geben und den Fisch für 3 Min. auf der Hautseite andünsten. Fisch umdrehen, Kaffee und Sahne zugeben, Gemüse auf den Fisch oder an den Rand der Pfanne legen und mit geschlossenem Deckel für ca. 5 Min. garen.

▶ Variation
Statt Seezunge kann auch Scholle oder Flunder verwendet werden.

▶ Das passt dazu
Eichblattsalat mit Birnensauce (S. 63), Vollkornlangkornreis (S. 34) oder Hirse (S. 33).

Nussige Hähnchenkeule mit Meerrettichsauce

Außergewöhnlich im Geschmack. Einfach lecker!

▶ 2 Portionen
kräftigend und vitalisierend
10 Min. + 8 Min. Garzeit + 60 Min. Backzeit
3 EL Ghee oder Olivenöl · 2 Hähnchenkeulen · 1 TL Kreuzkümmel · Salz · 7 Walnüsse · ¼ TL Zimt · 1 ½ TL fertigen Meerrettich (Glas) · 150 g Joghurt

- Ghee in eine Pfanne geben, Hähnchenkeulen mit Kreuzkümmel und Salz einreiben. Ghee erhitzen, Hähnchenkeulen zugeben und für ca. 6 Min. anbraten, zwischendrin das Fleisch wenden.
- Den Backofen auf 80 Grad vorheizen, die angebratenen Keulen in eine kleine, vorgewärmte Bratenform legen und auf mittlerer Schiene für etwa 60 Min. garen.
- In der Zwischenzeit die Walnüsse klein hacken und im restlichen Bratenfett kurz anrösten. Zimt zufügen und zusammen mit den Walnüssen für etwa 2 Min. unter Rühren rösten.
- Meerrettich, Salz und Joghurt zugeben. Die Pfanne von der Herdplatte nehmen und mit geschlossenem Deckel stehen lassen, bis die Hähnchenkeulen aus dem Backofen genommen werden.
- Die Sauce über die Hähnchenkeule in der Bratenform gießen und servieren.

▶ Variation
Bei der Verwendung von frischem Meerrettich wird ein geschältes Stück gerieben, das zwischen ½ und 1 TL ergibt.

▶ Das passt dazu
Würziges Blumenkohlgemüse (S. 68), Rosenkohl mit gerösteten Mandelblättchen (S. 76), Hokkaidowürfel aus dem Backofen (S. 77), Herbstliches Rotkohlgemüse mit Maronen (S. 70) oder einfach Quinoa (S. 36).

Hähnchenbrustfilet mit Honig-Sprossen-Gemüse

Zartes Hähnchenfleisch in erfrischendem Sprossengemüse.

▶ 2 Portionen

kräftigend und erfrischend

10 Min. + 21 Min. Garzeit

300 g Hähnchenbrustfilet · 1 TL Paprika edelsüß · 2 EL Ghee oder Olivenöl · 3 EL Mandeln, gemahlen · 2 TL Honig · ½ TL Garam Masala, mittelscharf · Salz · 50 ml Wasser · 100 g Mungbohnensprossen

- Hähnchenbrustfilet mit Paprika einreiben. Filet in dünne Streifen schneiden.
- Ghee in eine Pfanne geben und erhitzen, Hähnchenbrustfilet zugeben und für ca. 4 Min. anbraten. Gemahlene Mandeln zufügen und ebenfalls für 2 Min. mit anbraten.
- Honig unterrühren, Garam Masala und Salz einstreuen, Wasser angießen und alles bei milder Hitze für 10 Min. dünsten. Mungbohnensprossen zugeben und für weitere 5 Min. garen.

▶ Das passt dazu

Tomatensalat mit frischer Minze (S. 63) und gekochte Hirse (S. 33).

Gänsebrustfilet in Rotweinsauce

Wird nicht nur an Festtagen gerne gegessen.

▶ 2 Portionen
kräftigend und harmonisierend
14 Min. + 15 Min. Garzeit + 60 Min. Backzeit
2 EL Ghee oder Olivenöl · 1 große Zwiebel · 1 Knoblauchzehe · 250 g Gänsebrustfilet · 1/4 TL Koriander · Salz · 1 großer saurer Apfel · 1/2 TL Paprika edelsüß · 150 ml Rotwein (mild)

- Ghee in eine Pfanne geben. Zwiebel und Knoblauch abziehen und klein würfeln.
- Das Gänsebrustfilet mit Koriander und Salz einreiben. Ghee erhitzen, Zwiebel und Knoblauch zugeben und für 2 Min. anbraten. Dann das Filet hineingeben und für ca. 5 Min. auf allen Seiten anbraten.
- Den Backofen auf 80 Grad vorheizen, die Gänsebrust in eine vorgewärmte Bratenform legen und auf mittlerer Schiene für 1 Stunde garen.
- Etwa 10 Min. vor dem Ende der Backzeit den Apfel schälen, achteln, entkernen und in kleine Stücke schneiden. Die Zwiebeln und den Knoblauch nochmals in der Pfanne erhitzen, etwas Salz und die Apfelstücke zugeben und für ca. 3 Min. dünsten. Paprika einstreuen, Rotwein zugeben und für ca. 4 Min. auf hoher Temperatur zu einer Sauce einkochen lassen. Diese zum fertigen Fleisch servieren.

▶ Variation
Anstelle von Rotwein kann auch Rote-Bete-Saft verwendet werden.

▶ Das passt dazu
Herbstliches Rotkohlgemüse mit Maronen (S. 70), Rosenkohl mit gerösteten Mandelblättchen (S. 76) oder Hirse in Rotkohlröllchen (S. 87).

◀ Gänsebrustfilet in Rotweinsauce

Putenschnitzel mit würzigem Fenchelgemüse

Eine köstliche Kombination aus Geflügel und Gemüse.

▶ 2 Portionen
kräftigend und harmonisierend
20 Min. + 22 Min. Garzeit + 40 Min. Backzeit
3 EL Ghee oder Olivenöl · 2 Putenschnitzel (à 150 g) · 1/4 TL Garam Masala, mittelscharf · 1/4 TL Koriander · Salz · 1 Zwiebel · 2 mittelgroße Fenchelknollen · 1 TL Honig · 1 Stück Ingwer (ca. 3 cm)

- Ghee in eine Pfanne geben, Putenschnitzel mit Garam Masala, Koriander und Salz einreiben.
- Das Ghee erhitzen, Putenschnitzel zugeben und für ca. 2 Min. von allen Seiten anbraten. Das restliche Bratenfett für später in der Pfanne lassen.
- Den Backofen auf 80 Grad vorheizen, die Putenschnitzel in eine kleine, vorgewärmte Bratenform legen und auf mittlerer Schiene für etwa 40 Min. garen.
- Etwa 20 Min. vor dem Ende der Backzeit die Zwiebel abziehen und klein würfeln, Fenchel putzen, waschen und in dünne Streifen schneiden. Das restliche Bratfett erhitzen, Zwiebeln zugeben und für 3 Min. anbraten. Den Fenchel zugeben und für 2 Min. mitdünsten. Honig zugeben und alles bei milder Hitze für 10 Min. garen. Den Ingwer schälen, in dünne Stifte schneiden und zugeben, Salz einstreuen und alles nochmals für 5 Min. garen.
- Die fertigen Putenschnitzel zu dem Fenchelgemüse in die Bratpfanne legen und zusammen servieren.

▶ Das passt dazu
Rundkornreis (S. 34), Quinoa (S. 36) oder Hirse (S. 33).

Tafelspitz mit Kartoffel-Meerrettich-Gemüse

Beliebtes, traditionelles Fleischgericht – einfach gut.

▶ 2 Portionen
vitalisierend und kräftigend
20 Min. + 25 Min. Garzeit
3 mittelgroße Kartoffeln · 1 EL Ghee oder Butter · ¼ TL schwarzer Pfeffer · 2 TL fertiger Meerrettich (Glas) · Salz · 100 ml Wasser · 1 saurer Apfel · 100 ml Weißwein · ½ TL Paprika edelsüß · 300 g fertiger Tafelspitz (S. 52) · 100 g Sahne

- Kartoffeln schälen, vierteln und in Stücke schneiden. Ghee in einen Topf geben, erhitzen, Kartoffeln zugeben und für 5 Min. andünsten. Pfeffer, Meerrettich, Salz und Wasser zugeben.
- Den Apfel schälen, vierteln, entkernen, in dünne Stücke schneiden und ebenfalls zufügen.
- Wein angießen und Paprika einstreuen.
- Den fertigen Tafelspitz in 2 gleich große Scheiben schneiden und zugeben. Alles kurz aufkochen und für 15 Min. bei milder Hitze garen. Die Sahne angießen und nochmals für 5 Min. durchziehen lassen.

▶ Variation
Für Weißwein kann Hibiskus-, Hagebutten- oder Malventee verwendet werden. Bei der Verwendung von frischem Meerrettich wird ein geschältes Stück gerieben, das etwa 1 TL voll ergibt.

▶ Das passt dazu
Frische Erbsen mit geröstetem Sesam (S. 73) oder Möhren mit Honigsafran (S. 77).

Rinderlende in würziger Biersauce

Feine Rinderlende, vitalisierend und kräftigend.

▶ 2 Portionen
vitalisierend und kräftigend
15 Min. + 13 Min. Garzeit + 90 Min. Backzeit
1 EL Ghee oder Olivenöl · 300 g Rinderlende · ¼ TL Muskatnuss · Salz · 200 ml helles Weizenbier · ½ TL Paprika edelsüß 1 TL Rohrohrzucker · 2 TL scharfer Senf · 100 g Sahne

- Ghee in eine Pfanne geben, Rinderlende mit Muskatnuss und Salz bestreuen. Ghee erhitzen, die Rinderlende zugeben und für ca. 8 Min. auf allen Seiten anbraten.
- Weizenbier, Paprika, Zucker und Senf in einer kleinen Schüssel gut miteinander verrühren. Die angebratene Lende damit bestreichen.
- Den Backofen auf 80 Grad vorheizen, die Lende in eine vorgewärmte Bratenform legen und auf mittlerer Schiene für 1,5 Stunden garen. Nach 30 Min. und dann nach weiteren 30 Min. nochmals mit der Sauce bestreichen.
- Kurz bevor der Braten fertig ist, die restliche Sauce in die Pfanne geben und auf hoher Hitze für ca. 5 Min. einkochen. Zum Schluss die Sahne zugießen.

▶ Das passt dazu
Hirse in Rotkohlröllchen (S. 87), Rotes Paprikagemüse mit Salbei (S. 64) oder Würziges Blumenkohlgemüse (S. 68).

WISSEN

80-Grad-Methode

Bei dieser Niedrigtemperatur-Garmethode wird Fleisch und Geflügel bei 80 Grad im Backofen über einen längeren Zeitraum sanft gegart, wodurch das Fleisch besonders zart, saftig und aromatisch wird. Das lange Garen lohnt sich also, auch im Hinblick auf die gute Verträglichkeit.

Zartes Rinderfilet

Filet vom Rind in köstlich fruchtiger Rotweinsauce.

▶ 2 Portionen

vitalisierend und kräftigend

15 Min. + 12 Min. Garzeit + 40 Min. Backzeit

100 ml Rotwein (mild) · 5 Pflaumen getrocknet · 1 EL Ghee oder Olivenöl · 250 g Rinderfilet · ½ TL schwarzer Pfeffer · Salz · 200 ml Hagebuttentee · 50 g Frischkäse · 1 TL Rohrohrzucker

- Den Rotwein in eine kleine Schale geben, die getrockneten Pflaumen zufügen und über Nacht oder entsprechend mehrere Stunden tagsüber einweichen.
- Ghee in eine Pfanne geben. Das Rinderfilet pfeffern und salzen. Ghee erhitzen, das Filet zugeben und für ca. 5 Min. auf allen Seiten anbraten.
- Den Backofen auf 80 Grad vorheizen, das Filet in eine vorgewärmte Bratenform legen und auf mittlerer Schiene für 40 Min. garen.
- Etwa 10 Min. bevor das Filet fertig ist, Hagebuttentee, Frischkäse, den restlichen Rotwein und den Zucker in die Pfanne geben. Die Pflaumen in sehr kleine Stücke schneiden und ebenfalls zugeben. Alles für ca. 7 Min. auf hoher Temperatur zu einer Sauce einkochen lassen und über das fertige Filet gießen.

▶ Variation

Für Hagebuttentee kann auch Hibiskustee oder Malventee verwendet werden.

▶ Das passt dazu

Eichblattsalat mit Birnensauce (S. 63), Raffinierte Mangold-Hirse-Küchlein (S. 75), Hirse in Rotkohlröllchen (S. 87) oder Hokkaidowürfel aus dem Backofen (S. 77).

Schweinefilet mit Mandelsauce

Kräftigendes in zarter, nussiger Variante.

▶ 2 Portionen

kräftigend und vitalisierend

15 Min. + 11 Min. Garzeit + 40 Min. Backzeit

4 EL Olivenöl · ¼ TL Garam Masala, mittelscharf · 250 g Schweinefilet · Salz · 2 Scheiben Dinkelzwieback · 2 Msp. Kaffee · 3 EL Mandeln, gerieben · 200 ml Fleischbrühe · ¼ TL schwarzer Pfeffer

- Öl in eine Pfanne geben, Garam Masala einrühren, Schweinefilet in 4 Scheiben schneiden und salzen. Das Öl erhitzen, Schweinefilet zugeben und für ca. 4 Min. von allen Seiten anbraten.
- Den Backofen auf 80 Grad vorheizen. Das angebratene Filet in eine kleine, vorgewärmte Bratenform legen und auf mittlerer Schiene für 40 Min. garen.
- In der Zwischenzeit den Dinkelzwieback fein zerbröseln und im restlichen Bratenfett kurz anrösten. Kaffee zufügen und Mandeln unter Rühren für ca. 2 Min. mitrösten. Mit der Fleischbrühe ablöschen, Pfeffer und Salz einstreuen und die Sauce für etwa 5 Min. auf hoher Temperatur einkochen lassen.
- Das fertige Filet mit der warmen Sauce übergießen und servieren.

▶ Das passt dazu

Mediterraner Kartoffelsalat (S. 68).

Apfel-Dinkel-Crumble

Allseits beliebt und variantenreich.

▶ 2 Potionen

erfrischend und vitalisierend

20 Min. + 50 Min. Backzeit

2 große Äpfel (ca. 400 g) · 50 g kalte Butter · 100 g Dinkelmehl (1050) · 40 g Rohrohrzucker · 1/4 TL Zimt · 2 Msp. Nelkenpulver · 1 Msp. Salz · saure Sahne

- Äpfel schälen, vierteln, entkernen, in dünne Scheibchen schneiden und fächerartig auf dem Boden zweier leicht gefetteter, kleiner Auflaufformen (ca. 15 × 15 cm) verteilen.
- Die Butter in kleine Stücke schneiden und in eine Schüssel geben. Dinkelmehl, Zucker, Zimt, Nelkenpulver und Salz zugeben. Alles mit den Händen zu kleinen Streuseln verreiben.
- Die Streusel gleichmäßig über die Äpfel streuen und alles im vorgeheizten Backofen bei 180 Grad (Umluft 160 Grad) für 50 Min. auf der mittleren Schiene backen, bis die Streusel goldgelb gebräunt sind.
- Den Apfelcrumble warm in der Form servieren. Bei Belieben kann etwas saure Sahne dazu gereicht werden.

▶ Variation

Die Äpfel können durch Birnen, Pflaumen oder Zwetschgen ausgetauscht werden.

NACHSPEISEN, KUCHEN UND GEBÄCK

Rote Hibiskus-Birnen

Schon der Anblick dieser erfrischend leckeren Birnen ist herrlich.

▶ 2 Portionen
erfrischend
auch für abends
15 Min. + 20 Min. Garzeit

200 ml Wasser · 2 Beutel Hibiskustee · abgeriebene Schale von 1 Zitrone · 1 Msp. Kakao · 1 EL Rohrohrzucker · 1 EL Speisestärke · 1 Päckchen Vanillezucker · ½ Zimtstange · 2 Birnen · 1 Nelke · 1 Msp. Salz · 3 EL Frischkäse

- Wasser in einen Topf geben, zum Kochen bringen und die Teebeutel für 10 Min. auf ausgeschalteter Herdplatte darin ziehen lassen. Danach Zitronenschale, Kakao, Zucker und Vanillezucker zugeben.
- Speisestärke in etwas kaltem Wasser anrühren. Den Tee im Topf aufkochen lassen und die Speisestärke einrühren. Unter Rühren 1 Min. kochen lassen, dann die Zimtstange zufügen.
- Birnen schälen, halbieren, entkernen und ebenfalls in den Topf geben. Nelke und Salz zugeben, alles nochmals aufkochen lassen und auf kleiner Hitze für etwa 20 Min. garen. Nach 10 Min. die Birnen wenden.
- Die Birnen herausnehmen, den Frischkäse in die verbliebene Flüssigkeit einrühren, kurz erhitzen und zu den Birnen servieren.

▶ Variation

Hibiskustee kann durch Hagebuttentee oder Malventee ersetzt werden.

Aprikosen-Vanille-Flammeri

Harmonisch im Geschmack – schmeckt im Sommer wie im Winter.

▶ 2 Portionen
harmonisierend
15 Min. + 50 Min. Backzeit
100 g Aprikosen getrocknet · 1 TL Weinsteinbackpulver · 1 Msp. Ingwer 125 ml Wasser · 50 g Butter · 50 g Rohrohrzucker · 1 Päckchen Vanillezucker · 1 Ei · 100 g Dinkelmehl · 4 TL Weinsteinbackpulver

- Aprikosen klein schneiden, in einen Topf geben, Backpulver und Ingwer einstreuen, Wasser zugeben und unter Rühren zum Kochen bringen. Topf von der heißen Platte nehmen und abkühlen lassen.
- In der Zwischenzeit Butter, Zucker, Vanillezucker und Ei in eine Schüssel geben und gut verrühren. Dinkelmehl mit dem Backpulver vermischen, zugeben und unterrühren. Aprikosen und Flüssigkeit mit einem Löffel nur grob mit dem restlichen Teig vermischen, alles in eine kleine eingefettete rechteckige Auflauf- oder Kuchenform geben.
- Im vorgeheizten Backofen bei 180 Grad (Umluft 160 Grad) für 50 Min. auf mittlerer Schiene backen. Nach dem Backen die Süßspeise für 10 Min. abkühlen lassen und dann stürzen.

Erfrischendes Erdbeer-Trifle

Dem Frühling erfrischend nah sein.

▶ 2 Portionen
erfrischend
auch für unterwegs
15 Min.
4 Scheiben Dinkelzwieback · 4 EL Kirschsaft · 200 g Erdbeeren · 50 g Frischkäse · 1 Msp. Kakao · 1 EL Rohrohrzucker · 100 ml Sahne · 1 Msp. Nelkenpulver · 2 Blätter frische Minze

- Dinkelzwieback in kleine Stücke zerbröseln und jeweils die Hälfte in zwei Glasschüsselchen füllen, gleichmäßig mit dem Kirschsaft beträufeln, die Erdbeeren waschen, vierteln und auf dem Dinkelzwieback verteilen.
- Den Frischkäse mit dem Kakaopulver und dem Zucker mit dem Handrührgerät glatt rühren. Die Sahne leicht steif schlagen und unterrühren. Die fertige Creme auf die Beeren geben und mit den Minzblättern garnieren.

▶ Variation
Der Kirschsaft kann durch Weißwein, das Nelkenpulver durch Kardamom ersetzt werden und statt Erdbeeren können andere Beeren verwendet werden.

Rot-violette Grütze

2 Portionen könnten hier entschieden zu wenig sein

▶ 2 Portionen
erfrischend
auch für unterwegs
15 Min. + 5 Min. Garzeit
250 ml roter Traubensaft · 1 EL Rohrohrzucker · 1 ½ EL Speisestärke · ½ TL Zimt · Wasser · abgeriebene Schale von ½ Zitrone · 1 Msp. Kakao · 300 g rote Beeren und Sauerkirschen 1 Msp. Ingwer

- Traubensaft in einen Topf geben, Zucker zufügen und aufkochen lassen. In der Zwischenzeit die Speisestärke mit dem Zimt und etwas kaltem Wasser anrühren, in den kochenden Traubensaft rühren und 3 Min. kochen.
- Die Zitronenschale mit dem Kakao, den Beeren, Kirschen und dem Ingwer in den Topf geben. Alles nochmals aufkochen und dann abkühlen lassen.
- Mit etwas Schlagsahne oder auch einfach pur genießen.

Fruchtiger Zwetschgen-Dinkel-Auflauf

Köstlicher Nachtisch in vielen leckeren Obstvariationen.

▶ 4 Stück
harmonisierend
15 Min. + 35 Min. Backzeit
300 g Zwetschgen · ½ TL Butter · 2 EL Hirseflocken · 2 Eier · 50 g Rohrohrzucker · 1 Päckchen Vanillezucker · ¼ TL Zimt · 40 g Dinkelmehl (1050) · 1 TL Weinsteinbackpulver · 50 ml Hafermilch

- Die Zwetschgen waschen und entsteinen, eine kleine Auflaufform (ca. 15 × 24 cm) mit der Butter einfetten, die Hirseflocken gleichmäßig darin ausstreuen und die Zwetschgen auf dem Boden der Form verteilen.
- Die Eier in eine Rührschüssel geben, Zucker, Vanillezucker und Zimt zufügen und schaumig rühren. Mehl und Backpulver miteinander mischen, ebenfalls zugeben und verrühren. Zum Schluss die Milch unterrühren. Die fertige Teigmasse über die Zwetschgen gießen und alles im vorgeheizten Backofen auf mittlerer Schiene bei 180 Grad (Umluft 160 Grad) für ca. 35 Min. backen.
- Den fertigen Auflauf warm oder kalt servieren.

▶ Variation
Die Zwetschgen können durch Pflaumen, Süßkirschen, Aprikosen oder Birnen ausgetauscht werden, die Hafermilch gegen Kuhmilch. Statt Hirseflocken können Haferflocken (Kleinblatt) verwendet werden.

Raffinierte Maronencreme

Diese Nachspeise ist von ganz besonderem Geschmack und genau das Richtige für die kühlere Jahreszeit.

▶ 2 Portionen
vitalisierend und kräftigend
30 Min. + 20 Min. Backzeit + 10 Min. Garzeit
200 g Maronen · 1 Päckchen Vanillezucker · 100 ml Hafermilch · 2 Msp. Anis · 100 ml Wasser · ¼ saurer Apfel · 2 EL Rotwein (mild) · 100 g Sahne

- Die Schale der Maronen kreuzweise einritzen, auf ein Backblech legen und für 20 Min. im vorgeheizten Backofen bei 220 Grad (Umluft 200 Grad) rösten. Die fertigen Maronen kurz abkühlen lassen, die Schale entfernen und fein reiben.
- Geriebene Maronen, Vanillezucker, Hafermilch, Anis und Wasser in einen Topf geben. Apfelstück schälen, entkernen, fein reiben und ebenfalls zugeben. Zum Schluss den Rotwein zufügen. Alles kurz zum Kochen bringen und für 10 Min. bei kleiner Hitze mit geschlossenem Deckel köcheln lassen.
- Danach die Maronenmasse in eine Schüssel geben und abkühlen lassen.
- Die Sahne halb steif schlagen und unter die abgekühlte Maronencreme heben.

▶ Variation
Statt Hafermilch kann Kuhmilch und für Rotwein 2 EL gekochter Kaffee oder Espresso verwendet werden.

Bratäpfel mit gerösteten Walnüssen

Von Groß und Klein immer wieder gern gegessen.
Hier eine besonders leckere Variante.

▶ 2 Portionen
erfrischend und kräftigend
auch für abends
20 Min. + 30 Min. Backzeit

8 Walnüsse · 1 EL Ghee oder Butter · ½ TL Zimt · 1 EL Honig · 2 Msp. Koriander · 1 Msp. Salz · 1 TL Zitronensaft · 2 mittelgroße Äpfel (ca. 300 g) · 2 Msp. Kurkuma · 2 EL Rotwein (mild) · 3 EL Rosinen · Schmand oder Schlagsahne

- Die Walnüsse klein hacken, Ghee in eine Pfanne geben und erhitzen. Die Walnüsse kurz darin rösten, Zimt zugeben und ebenfalls kurz mitrösten. Den Honig mit den gerösteten Walnüssen vermischen, Koriander, Salz und Zitronensaft zugeben. Alles gut miteinander vermischen und von der Herdplatte nehmen.
- Äpfel waschen, das Kerngehäuse ausstechen und in eine kleine, leicht gefettete Auflaufform setzen. Kurkuma, Rotwein und Rosinen zu der Nussmasse geben und jeweils die Hälfte davon in die Äpfel füllen.
- Äpfel im vorgeheizten Backofen bei 180 Grad (Umluft 160 Grad) für ca. 30 Min. auf der mittleren Schiene backen, bis sie weich sind.
- Bei Belieben können die fertigen Bratäpfel mit etwas Schmand oder steif geschlagener Sahne mit etwas Vanillezucker serviert werden.

▶ Variation
Die Rosinen können durch Datteln oder Trockenpflaumen ausgetauscht werden, die Walnüsse durch Haselnüsse. Statt Rotwein können Sie Apfelsaft verwenden.

Hafer-Dinkel-Kekse

Knusprige Haferkekse, vitalisierend und mild.

▶ 16 Stück
vitalisierend und harmonisierend
auch für abends
25 Min. + 35 Min. Backzeit

140 g Dinkelmehl (1050) · 2 TL Weinsteinbackpulver · 50 g Butter · 220 g Haferflocken (Kleinblatt) · ¼ TL Koriander · ¼ TL Muskatnuss gerieben · ½ TL Salz · 100 ml Wasser

- Das Dinkelmehl mit dem Backpulver vermischen, die Butter unterkneten, Haferflocken, Koriander, Muskatnuss und Salz zufügen und gut mit den restlichen Zutaten vermischen. Etwa 100 ml kaltes Wasser unter den Teig kneten, bis ein fester Teig entsteht.
- Den Teig auf einer leicht bemehlten Fläche ca. 0,5 cm dünn ausrollen und mit einer vorzugsweise runden Ausstechform (Durchmesser ca. 7 cm) ausstechen.
- Ein Backblech leicht einfetten und die Haferplätzchen darauflegen.
- Die Plätzchen im vorgeheizten Backofen bei 180 Grad (Umluft 160 Grad) für ca. 35 Min. auf der mittleren Schiene backen, bis sie goldbraun sind. Plätzchen auf einem Kuchengitter abkühlen lassen.

Dattelecken

Achtung: unkalkulierbarer Schwund zu erwarten.

▶ 12 Stück
vitalisierend und kräftigend
auch für unterwegs
15 Min. + 5 Min. Garzeit + 30 Min. Backzeit

1/8 l Wasser · 1/2 TL Zitronensaft · 1 Msp. Kakao · 250 g getrocknete Datteln, entsteint · 1 TL Vanillezucker · 1 Msp. Ingwerpulver · 1 Msp. Salz · 250 g Dinkelmehl (1050) · 1 Msp. Kakao · 2 TL Backpulver · 100 g Butter · 1 Msp. Kardamom · 3 EL Wasser

- Das Wasser in einen kleinen Topf geben, Zitronensaft zugeben, Kakao einrühren, Datteln klein schneiden, in den Topf geben, den Vanillezucker einstreuen und zum Schluss den Ingwer dazugeben. Alles bei milder Hitze ca. 5 Min. kochen, bis die Datteln weich sind und die Flüssigkeit aufgesogen haben. Die Masse mit einer Gabel zu einem Mus zerdrücken und abkühlen lassen.
- Salz, Dinkelmehl, Kakao und Backpulver in eine Schüssel geben und miteinander mischen. Die Butter mit den Fingerspitzen in das Mehl einkneten, bis kleine Butter-Mehl-Flocken entstehen.
- Kardamom, dann das Wasser zugeben und zu einem Teig kneten.
- Die Hälfte des Teigs auf einem Backpapier dünn ausrollen, sodass eine Teigfläche von ca. 25 × 25 cm entsteht. Das Backpapier mit dem Teig auf ein Backblech legen.
- Die Dattelmasse gleichmäßig auf dem Teig verteilen. Den restlichen Teig ebenfalls auf etwa die gleiche Größe ausrollen, auf die Dattelmasse legen und an den Kanten leicht andrücken. Mit einer Gabel mehrmals einstechen und im vorgeheizten Backofen bei 200 Grad (Umluft 180 Grad) für 30 Min. auf der mittleren Schiene backen, bis sich eine leichte Bräunung zeigt und der Teig fest ist.
- Das Gebäck auf einem Gitter abkühlen lassen und in etwa 12 gleich große Stücke schneiden.

Fruchtiger Dinkel-Kartoffel-Kuchen

Der Kuchen schmeckt auch noch einige Tage nach dem Backen saftig frisch.

▶ 8 Stück
vitalisierend und kräftigend
auch für unterwegs
20 Min. + 15 Min. Garzeit + 40 Min. Backzeit

3 EL Rosinen · 2 cl Rum · 100 g Butter · 80 g Rohrohrzucker · 3 Eier · 2 große abgekühlte Pellkartoffeln (vom Vortag) · 200 g Dinkelmehl (1050) · 1 Päckchen Weinsteinbackpulver · 1/2 TL Anis · 1/4 TL Muskatnuss · 1/4 TL Koriander · 2 Msp. Salz · abgeriebene Schale von 1 Zitrone · 1 Msp. Kakao · 2 EL Mandelblättchen · 20 g Butter

- Rosinen und Rum in eine kleine Schüssel geben und für 1 Stunde durchziehen lassen. Die Schüssel dazu abdecken.
- Die Butter mit dem Zucker in einer Schüssel schaumig rühren, dann die Eier unterrühren.
- Die Pellkartoffeln sollten am besten vom Vortag oder bereits seit mehreren Stunden nach dem Kochen abgekühlt sein. Pellkartoffeln schälen und in die Rührschüssel reiben.
- Das Mehl mit dem Backpulver, Anis, Muskatnuss, Koriander und Salz mischen und nach und nach mit dem restlichen Teig verrühren. Die Zitronenschale untermischen. Kakao und Rosinen mit Rum unterheben.
- Den fertigen Teig in eine leicht gefettete kleine Springform (Durchmesser: ca. 20 cm) geben. Die Mandelblättchen auf dem Kuchen verteilen und den Kuchen im vorgeheizten Backofen bei 180 Grad (Umluft 160 Grad) für 40 Min. auf der mittleren Schiene backen.
- 20 g Butter zerlassen und den fertigen, noch warmen Kuchen satt damit einpinseln.

▶ Fruchtiger Dinkel-Kartoffel-Kuchen

Gewürzapfelkuchen

Lieblingskuchenverdächtig! Dieser köstliche Apfelkuchen schmeckt das ganze Jahr über gut.

▶ 8 Stück
vitalisierend und erfrischend
auch für unterwegs
35 Min. + 60 Min. Backzeit

125 g Butter · 80 g Rohrohrzucker · 1 Päckchen Vanillezucker 2 Eier · 125 g Dinkelmehl (1050) · 3 TL Weinsteinbackpulver · 1 TL Zimt · ½ TL Nelkenpulver · 1 Msp. Ingwer · 1 Msp. Muskatnuss · 1 Msp. Salz · 2 kleine Äpfel · 20 g Bitterschokolade · 20 g Haselnüsse

- Die Butter mit dem Zucker und Vanillezucker in einer Schüssel schaumig rühren, dann die Eier unterrühren.
- Das Mehl mit dem Backpulver, Zimt, Nelken, Ingwer, Muskatnuss und Salz mischen und nach und nach mit dem Buttergemisch verrühren.
- Die Äpfel schälen, entkernen, in kleine Apfelstücke schneiden und unter den Teig heben. Die Bitterschokolade raspeln und ebenfalls zugeben. Zum Schluss die Haselnüssen klein hacken und untermischen.
- Den Teig in eine leicht gefettete Springform geben und im vorgeheizten Backofen bei 200 Grad (Umluft 180 Grad) für ca. 50 Min. auf der mittleren Schiene backen. Dann auf 180 Grad (Umluft 160 Grad) herunterschalten und nochmals für 10 Min. backen.

▶ Variation

Die Haselnüsse können durch Walnüsse ersetzt werden.

Rosinen-Mandel-Brötchen

Ob zum Frühstück am Wochenende, zum Brunch, zum Tee – immer lecker.

▶ 14 Stück
vitalisierend und kräftigend
auch für unterwegs
20 Min. + 35 – 40 Min. Backzeit

⅛ l Hagebuttentee · 1 Msp. Kaffee · 50 g Rosinen · 420 g Dinkelmehl (1050) · 50 g Hirseflocken · 140 ml Hafermilch · 1 EL Rohrohrzucker · 1 Würfel Frischhefe · 40 g Mandeln, gemahlen · 40 g Butter · ¼ TL Muskatnuss · ¼ TL Kreuzkümmel · Salz

- Den warmen Hagebuttentee in eine Schüssel geben, Kaffee und Rosinen zufügen und für ca. 30 Min. stehen lassen. Dinkelmehl und Hirseflocken in einer Rührschüssel mischen und eine Mulde in der Mitte bilden.
- 125 ml der Hafermilch in einem Topf nur leicht erwärmen, Zucker zugeben und die Hefe darin auflösen. Die Milch-Hefe-Mischung und den Hagebuttentee in die Mulde gießen. Die gemahlenen Mandeln auf dem Rand der Mulde verteilen, die Butter in kleinen Flöckchen ebenfalls auf den Rand legen. Muskatnuss mit Kreuzkümmel und Salz mischen und über die Butterflöckchen streuen.
- Alles mit dem Knethaken gut durchkneten, dann die Rosinen kurz einarbeiten. Den Teig für 30 Min. zugedeckt an einem warmen Ort gehen lassen. Danach den Teig nochmals kurz durchkneten.
- Ein Backblech leicht einfetten, den Teig in 12 gleich große Kugeln formen und auf das Backblech legen und mit einem Messer kreuzweise einkerben. Die Brötchen mit der restlichen Milch einpinseln und weitere 20 Min. gehen lassen.
- Die Brötchen im vorgeheizten Backofen bei 180 Grad (Umluft 160 Grad) für 35 – 40 Min. auf der mittleren Schiene backen, bis sie goldbraun sind.

▶ Variationen

Statt Hagebuttentee Hibiskus- oder Malventee verwenden. Mandeln durch Walnüsse oder Haselnüsse ersetzen. Hafermilch kann mit Kuhmilch variiert werden.

Minz-Scones mit Schafskäse

Diese Kombination aus Manchego und erfrischender Minze ist einfach nur lecker. 10 Stück könnten zu wenig sein!

▶ 10 Stück
vitalisierend und kräftigend
auch für unterwegs
25 Min. + 25 Min. Backzeit
250 g Dinkelmehl (1050) · 4 TL Weinsteinbackpulver · 30 g Butter · 70 g Schafskäse (Manchego, reif) · 100 g Sahne · 2 TL getrocknete Minze · 1 TL Koriander · 50 ml Wasser · ¼ TL Salz

- Dinkelmehl und Backpulver in einer Rührschüssel mischen. Die Butter in kleine Flöckchen zerteilen und mit den Fingerspitzen in das Mehl einarbeiten. Den Käse fein reiben und zusammen mit der Sahne ebenfalls untermischen. Die Minze und den Koriander einkneten.
- Etwa 50 ml Wasser und das Salz zufügen und mit den Händen zu einem geschmeidigen Teig verarbeiten. Gegebenenfalls noch etwas Mehl zugeben. Den Teig zu einer etwa 20 cm langen Rolle formen und für 20 Min. kühlstellen.
- Ein Backblech leicht einfetten, die Teigrolle in 10 gleich große Stücke schneiden, diese zu etwa 2 cm dicken Talern formen und auf das Backblech legen.
- Die Scones im vorgeheizten Backofen bei 210 Grad (Umluft 190 Grad) für ca. 25 Min. auf der mittleren Schiene backen, bis sie goldbraun sind.

▶ Variation
Statt Manchego kann mittelalter Kuhmilchgouda verwendet werden. Minze kann mit Dill variiert werden, dann sollte Kreuzkümmel statt Koriander zugefügt werden.

Muskat-Kartoffel-Brötchen

Am besten gleich mehr davon backen.

▶ 8 Stück
vitalisierend
auch für unterwegs
30 Min. + 15 Min. Garzeit + 20–25 Min. Backzeit
2 mittelgroße mehlig kochende Kartoffeln (ca. 250 g) · 140 g Dinkelmehl (1050) · 2 ½ TL Weinsteinbackpulver · 2 EL Rohrohrzucker · 1 Ei · 4 EL Rosinen · ½ TL Muskatnuss · 1 Msp. Salz · 70 g Frischkäse

- Die Kartoffeln in einen Topf mit Wasser geben, aufkochen und für 15 Min. köcheln lassen. Kartoffeln pellen und zerstampfen. Das Kartoffelpüree in eine Rührschüssel geben und leicht abkühlen lassen. Mehl mit Backpulver zufügen, Zucker einstreuen und alles gut miteinander verrühren.
- Das Ei verquirlen, mit den Rosinen, der Muskatnuss, dem Salz und dem Frischkäse vermischen und unter die Kartoffel-Mehl-Masse mischen, bis sich alles gut miteinander verbunden hat.
- Ein Backblech leicht einfetten, den Teig in 8 gleich große, etwa zwei Finger hohe, flache Brötchen formen und auf das Backblech legen. Die Klinge eines Messers mit Wasser befeuchten und die Brötchen mit der Messerspitze an der Oberfläche und den Rändern glatt streichen. So werden sie besonders formschön.
- Die Brötchen im vorgeheizten Backofen bei 200 Grad (Umluft 180 Grad) für 20–25 Min. auf der mittleren Schiene backen, bis sie goldbraun sind.

Tipp
Getoastet schmecken die Kartoffelbrötchen auch am nächsten Tag noch sehr lecker.

Herzhafte Möhrenmuffins

Gemüse, lecker und schön verpackt.

- 12 Stück
- *vitalisierend*
- auch für abends
- 20 Min. + 5 Min. Garzeit + 20 – 25 Min. Backzeit

4 mittelgroße Möhren
1 TL Ghee oder Olivenöl
¼ TL Garam Masala, mittelscharf
Salz
60 g Butter
2 Eier
250 ml Buttermilch
250 g Dinkelmehl (1050)
4 TL Weinsteinbackpulver
1 TL Zimt
2 Msp. Muskatnuss
1 Msp. Salz

- Die Möhren schälen oder mit einer Gemüsebürste putzen, waschen und raspeln. Ghee in einen Topf geben und erhitzen. Möhren zugeben und für 5 Min. dünsten. Garam Masala und Salz einstreuen.
- Die Butter zerlassen und in eine Schüssel geben. Eier und Buttermilch dazugeben und alles gut miteinander verrühren.
- Mehl, Backpulver, Zimt, Muskatnuss und 1 Msp. Salz in eine Rührschüssel geben und vermischen. Die Möhren unterheben und alles gut miteinander vermengen. In der Mitte des Teigs eine Mulde bilden, die Milchmischung hineingießen und mit einem Kochlöffel oder einer Gabel nur so lange verrühren, bis alle Zutaten von der Flüssigkeit befeuchtet sind. Klümpchen dürfen noch vorhanden sein.
- Die Mulden einer Muffinform einfetten oder Papierförmchen einsetzen. Den Teig gleichmäßig in die Vertiefungen einfüllen und die Muffins im vorgeheizten Backofen bei 200 Grad (Umluft 180 Grad) auf der mittleren Schiene für 20 – 25 Min. backen, bis sie goldbraun sind. Die Muffins aus dem Backofen nehmen und 3 Min. ruhen lassen, dann aus der Form nehmen und warm oder kalt essen.

Variation

Für Möhren können auch Kürbis, Zucchini oder Brokkoli oder eine Mischung davon verwendet werden. Buttermilch kann durch fettarme Milch oder Hafermilch ersetzt werden.

Das passt dazu

Gemüsecarpaccio mit Schafskäse (S. 73), Feldsalat mit gebackenem Ziegenkäse (S. 62) oder eine Suppe.

Tipp

Die Muffins schmecken auch noch 1 – 2 Tage nach dem Backen wunderbar. Am besten werden die Muffins dazu halbiert, getoastet und mit etwas Butter oder Käse serviert.

Für Gäste

In der freien Natur schmausen

Leckere Gerichte, die sich auch schon am Vortag des Picknicks zubereiten und den Sommer hochleben lassen.

S. 68 Mediterraner Kartoffelsalat mit Oliven-Dill-Sauce
S. 76 Spargel mit frischem Dill
S. 76 Gurkengemüse mit Dill-Muskat-Sauce
S. 80 Dinkelquiche mit erfrischenden Tomaten und Schafskäse
S. 91 Goldgelbe Polenta mit Schafskäse
S. 92 Frühsommerliche Gerstencreme
S. 115 Aprikosen-Vanille-Flammeri
S. 118 Fruchtiger Dinkel-Kartoffel-Kuchen
S. 121 Minz-Scones mit Schafskäse

Herzhafte vegetarische Gerichte

Diese Gerichte überzeugen auch Fleisch-Liebhaber davon, wie lecker ein vegetarisches Essen sein kann.

S. 51 Cremige Lauch-Kartoffel-Suppe mit Walnüssen
S. 51 Gersteneintopf mit allerlei Gemüse
S. 55 Würzig erfrischende Sellerie-suppe (mit Gemüsebrühe)
S. 56 Wintergemüseeintopf mit Spitzkohl und Räuchertofu
S. 59 Schwarzer Bohneneintopf mit Fenchel-Möhren-Gemüse
S. 67 Nussige Champignon-Tarte
S. 68 Mediterraner Kartoffelsalat mit Oliven-Dill-Sauce
S. 96 Penne mit Tofu-Austernpilz-Sauce
S. 96 Grüne Linsen in Champignon-Oliven-Sauce
S. 100 Tofuhaschee mit würziger Sauce

Feine Frühlingsmenüvarianten

Herrliche Menüs, mit denen Sie und Ihre Gäste den Frühling kosten und genießen können.

S. 54 Feine Spargelsuppe
S. 63 Eichblattsalat mit Birnensauce
S. 63 Gurkensalat mit Leinöl-Senf-Sauce
S. 63 Tomatensalat mit frischer Minze
S. 64 Rotes Paprikagemüse mit Salbei
S. 68 Zarter Kohlrabi mit frischem Dill
S. 73 Frische Erbsen mit geröstetem Sesam
S. 76 Gurkengemüse mit Dill-Muskat-Sauce
S. 95 Spaghetti mit nussigem Grünspargel
S. 104 Zanderhappen auf Frühlingszwiebeln
S. 106 Seezunge auf würzigem Stangenselleriegemüse
S. 107 Hähnchenbrustfilet mit Honig-Sprossen-Gemüse
S. 115 Erfrischendes Erdbeer-Trifle

Köstliches für die kleine Geburtstagsfeier im Büro

Diese Gerichte lassen sich auch schon am Vortag zubereiten und einfach transportieren. Zudem schmecken alle, auch kalt serviert, köstlich.

S. 68 Mediterraner Kartoffelsalat mit Oliven-Dill-Sauce
S. 76 Gurkengemüse mit Dill-Muskat-Sauce
S. 78 Hirsetabbouleh
S. 81 Reistarte mit würziger Gemüsefüllung
S. 94 Knusprige Quinoa-Hirse-Küchlein
S. 115 Rot-violette Grütze
S. 118 Fruchtiger Dinkel-Kartoffel-Kuchen
S. 121 Minz-Scones mit Schafskäse
S. 122 Herzhafte Möhrenmuffins

Glutenfreie Menüvarianten für den empfindsamen Gast

So hat auch Ihr Gast ein unbeschwertes, vergnügliches Essen und wird gerne wiederkommen.

S. 48 Fruchtige Rote-Bete-Suppe mit Meerrettich
S. 50 Zucchini-Kartoffel-Suppe mit frischem Rosmarin
S. 77 Möhren mit Honigsafran
S. 81 Reistarte mit würziger Gemüsefüllung
S. 83 Quinoa mit Chicorée-Walnuss-Gemüse
S. 90 Milde Polenta-Fenchel-Lasagne
S. 91 Goldgelbe Polenta mit Schafskäse
S. 116 Raffinierte Maronencreme
S. 117 Bratäpfel mit gerösteten Walnüssen

Begeistert Brunchen

Mit dieser Auswahl an vitalisierenden und harmonisierenden Gerichten werden Sie Ihre Gäste begeistern und eine wunderbare Atmosphäre für Ihren Brunch schaffen.

S. 51 Cremige Lauch-Kartoffel-Suppe mit Walnüssen
S. 77 Möhren mit Honigsafran
S. 84 Mildes Hirsegericht mit erfrischendem Stangensellerie
S. 91 Goldgelbe Polenta mit Schafskäse
S. 104 Räucherforelle in Hagebutten-Sauce
S. 116 Fruchtiger Zwetschgen-Dinkel-Auflauf
S. 121 Muskat-Kartoffel-Brötchen
S. 122 Herzhafte Möhrenmuffins

Überraschende Gäste

Wenn großer Hunger zu Besuch kommt und wenig Zeit zum Kochen ist. Folgende Gerichte lassen sich nicht nur schnell zubereiten, sie schmecken zudem auch noch köstlich.

S. 50 Zucchini-Kartoffel-Suppe mit frischem Rosmarin
S. 55 Raffinierte rote Linsensuppe mit Fenchel
S. 63 Gurkensalat mit Leinöl-Senf-Sauce
S. 77 Möhren mit Honigsafran
S. 83 Raffiniertes Risotto mit Schafskäse
S. 92 Bulgurrisotto mit Fenchel und Minzsauce
S. 94 Fettucine in Grün
S. 97 Berglinsengericht indisch
S. 100 Tofuhaschee mit würziger Sauce

Ausgefallenes für den besonderen Gast

Hiermit wird auch das gemeinsame Speisen zu etwas Außergewöhnlichem.

S. 58 Pastinaken-Möhren-Suppe mit Dill
S. 67 Nussige Champignon-Tarte
S. 81 Reistarte mit würziger Gemüsefüllung
S. 83 Quinoa mit Chicorée-Walnuss-Gemüse
S. 90 Milde Polenta-Fenchel-Lasagne
S. 91 Quinoa-Lauch-Gratin
S. 96 Penne mit Tofu-Austernpilz-Sauce
S. 114 Rote-Hibiskus-Birnen
S. 116 Raffinierte Maronencreme

Rezept- und Zutatenverzeichnis

A

Amaranth
- Feines Amaranthfrühstück mit Safran 46
- Mildes Fenchelgemüse mit Amaranth 72

Apfel
- Amaranthfrühstück, feines mit Safran 46
- Apfel-Dinkel-Crumble 112
- Bratäpfel mit gerösteten Walnüssen 117
- Flockenfrühstück hoch^2 44
- Gewürzapfelkuchen 120

Aprikosen-Vanille-Flammeri 115

B

Basmatireis in Grün 78
Beeren
- Erfrischendes Erdbeer-Trifle 115
- Rot-violette Grütze 115

Berglinsengericht indisch 97
Birnen
- Eichblattsalat mit Birnensauce 63
- Goldgelbe Steckrüben mit Birnen-Butter-Sauce 75
- Rote Hibiskus-Birnen 114
- Würzig erfrischende Selleriesuppe 55

Blumenkohlgemüse, würziges 68
Bohnen
- Kidneybohnen in feinem Lauchgemüse 100
- Kräftigendes Borlottibohnen-Möhren-Gemüse 101
- Schwarzer Bohneneintopf mit Fenchel-Möhren-Gemüse 59

Bratäpfel mit gerösteten Walnüssen 117
Brokkoli
- Brokkolicremesuppe mit Grünkern 60
- Herzhaft-fruchtiger Brokkoli mit gerösteten Mandeln 71

Bulgurrisotto mit Fenchel und Minzsauce 92
Bunter Wirsingeintopf mit Ziegenfrischkäse 58

C

Cremige Lauch-Kartoffel-Suppe mit Walnüssen 51
Cremige Steckrübensuppe mit Brauwasser 58
Champignons
- Grüne Linsen in Champignon-Oliven-Sauce 96
- Grünkernrisotto mit Champignons 85
- Nussige Champignon-Tarte 67

Chicorée-Walnuss-Gemüse mit Quinoa 83

D

Dattelecken 118
Dinkel
- Fruchtiger Dinkel-Kartoffel-Kuchen 118
- Fruchtiger Zwetschgen-Dinkel-Auflauf 116
- Dinkelgrieß mit Möhren 46
- Dinkelquiche mit erfrischenden Tomaten und Schafskäse 80
- Geröstete Dinkelflocken mit Mandelblättchen 42

E

Eichblattsalat mit Birnensauce 63
Erbsen, frische mit geröstetem Sesam 73
Erdbeer-Trifle, erfrischendes 115

F

Feines Amaranthfrühstück mit Safran 46
Feine Kartoffelsuppe mit Staudensellerie 56
Feine Lachsforellensuppe mit Mandeln 55
Feine Spargelsuppe 54
Feldsalat mit gebackenem Ziegenkäse 62
Fenchel
- Bulgurrisotto mit Fenchel und Minzsauce 92
- Milde Polenta-Fenchel-Lasagne 90
- Mildes Fenchelgemüse mit Amaranth 72
- Putenschnitzel mit würzigem Fenchelgemüse 109
- Raffinierte rote Linsensuppe mit Fenchel 55
- Scharfes Gemüsecurry mit Kartoffeln und Fenchel 70
- Schwarzer Bohneneintopf mit Fenchel-Möhren-Gemüse 59

Fettucine in Grün 94
Fleischbrühe, kräftigende 52
Flockenfrühstück hoch^2 44
Frühsommerliche Gerstencreme 92
Frische Erbsen mit geröstetem Sesam 73
Fruchtige Kürbissuppe 60
Fruchtige Rote-Bete-Suppe mit Meerrettich 48
Fruchtiger Dinkel-Kartoffel-Kuchen 118
Fruchtiger Zwetschgen-Dinkel-Auflauf 116

G

Gänsebrustfilet in Rotweinsauce 109
Gemüsebrühe, vitalisierende 52
Gemüsecarpaccio mit Schafskäse 73
Geröstete Dinkelflocken mit Mandelblättchen 42
Geröstete Roggenflocken mit Walnüssen 46
Gerste
- Frühsommerliche Gerstencreme 92
- Gersteneintopf mit allerlei Gemüse 51

Gewürzapfelkuchen 120
Ghee 41
Goldgelbe Möhrensuppe mit Ingwer 57
Goldgelbe Polenta mit Schafskäse 91
Goldgelbe Steckrüben mit Birnen-Butter-Sauce 75
Goldgelbe Tofuwürfel im Sesammantel 99
Grüne Linsen in Champignon-Oliven-Sauce 96
Grünkern
- Brokkolicremesuppe mit Grünkern 60
- Grünkernrisotto mit Champignons 85

Gurkengemüse mit Dill-Muskat-Sauce 76
Gurkensalat mit Leinöl-Senf-Sauce 63

H

Hähnchenbrustfilet mit Honig-Sprossen-Gemüse 107
Hähnchenkeule, nussige mit Meerrettichsauce 106
Hafer
- Flockenfrühstück hoch^2 44
- Hafer-Dinkel-Kekse 117
- Haferpilaw mit Datteln 84
- Haferporridge 44
- Kerniges Hafer-Möhren-Gemüse mit Datteln 85

Herbstliches Rotkohlgemüse mit Maronen 70
Herzhaft-fruchtiger Brokkoli mit gerösteten Mandeln 71
Herzhafte Möhrenmuffins 122
Hibiskus-Birnen, rote 114
Hirse
- Flockenfrühstück hoch^2 44
- Hirse in Rotkohlröllchen 87
- Hirsetabbouleh 78
- Knusprige Quinoa-Hirse-Küchlein 94

– Körniges Hirsefrühstück mit Zwetschgen 45
– Mildes Hirsegericht mit erfrischendem Staudensellerie 84
– Raffinierte Mangold-Hirse-Küchlein 75
Hokkaidowürfel aus dem Backofen 77
Kartoffeln
– Cremige Lauch-Kartoffel-Suppe mit Walnüssen 51
– Feine Kartoffelsuppe mit Staudensellerie 56
– Fruchtiger Dinkel-Kartoffel-Kuchen 118
– Mediterraner Kartoffelsalat 68
– Muskat-Kartoffel-Brötchen 121
– Raffiniertes Mandel-Kartoffel-Gericht 77
– Scharfes Gemüsecurry mit Kartoffeln und Fenchel 70
– Sesamkartoffeln 71
– Tafelspitz mit Kartoffel-Meerrettich-Gemüse 110
Kerniges Hafer-Möhren-Gemüse mit Datteln 85
Kichererbsen
– Kichererbsen mit mildem Weißkohlgemüse 101
– Kichererbsensuppe mit Kokosmilch 60
– Würzige Kichererbsen mit frischem Blattspinat 102
Kidneybohnen in feinem Lauchgemüse 100
Knusprige Quinoa-Hirse-Küchlein 94
Kräftigende Fleischbrühe 52
Kräftigendes Borlottibohnen-Möhren-Gemüse 101
Kohlrabi, zarter mit frischem Dill 68
Körniges Hirsefrühstück mit Zwetschgen 45
Kürbis
– Hokkaidowürfel aus dem Backofen 77
– Fruchtige Kürbissuppe 60
– Kürbisflan 66
– Kürbisgemüse in herbstlicher Sauce 73

L

Lachsfilet auf würzigem Lauchgemüse 105
Lachsforellensuppe, feine mit Mandeln 55
Lauch
– Cremige Lauch-Kartoffel-Suppe mit Walnüssen 51
– Kidneybohnen in feinem Lauchgemüse 100
– Lachsfilet auf würzigem Lauchgemüse 105
– Quinoa-Lauch-Gratin 91
Linsen
– Berglinsengericht indisch 97
– Grüne Linsen in Champignon-Oliven-Sauce 96
– Linsenfladen mit bunter Gemüsefüllung 98
– Raffinierte rote Linsensuppe mit Fenchel 55

M

Mangold-Hirse-Küchlein, raffinierte 75
Maronencreme, raffinierte 116
Mediterraner Kartoffelsalat mit Oliven-Dill-Sauce 68
Milde Polenta-Fenchel-Lasagne 90
Mildes Bohnen-Kartoffel-Gemüse mit Dinkel 104
Mildes Fenchelgemüse mit Amaranth 72
Mildes Hirsegericht mit erfrischendem Staudensellerie 84
Minz-Scones mit Schafskäse 121
Möhren
– Dinkelgrieß mit Möhren 46
– Goldgelbe Möhrensuppe mit Ingwer 57
– Herzhafte Möhrenmuffins 122
– Kerniges Hafer-Möhren-Gemüse mit Datteln 85
– Kräftigendes Borlottibohnen-Möhren-Gemüse 101
– Möhren mit Honigsafran 77
– Pastinaken-Möhren-Suppe mit Dill 58
– Schwarzer Bohneneintopf mit Fenchel-Möhren-Gemüse 59
Muskat-Kartoffel-Brötchen 121

N

Nussige Champignon-Tarte 67
Nussige Hähnchenkeule mit Meerrettichsauce 106

P

Paprikagemüse, rotes mit Salbei 64
Pastinaken-Möhren-Suppe mit Dill 58
Penne mit Tofu-Austernpilz-Sauce 96
Polenta
– Goldgelbe Polenta mit Schafskäse 91
– Milde Polenta-Fenchel-Lasagne 90
– Polentakuchen mit Zucchinifüllung 88
Putenschnitzel mit würzigem Fenchelgemüse 109

Q

Dinkelquiche mit erfrischenden Tomaten und Schafskäse 80
Quinoa
– Knusprige Quinoa-Hirse-Küchlein 94
– Quinoa mit Chicorée-Walnuss-Gemüse 83
– Quinoa-Lauch Gratin 91

R

Räucherforelle in Hagebuttensauce 104
Raffinierte Mangold-Hirse-Küchlein 75
Raffinierte Maronencreme 116
Raffinierte rote Linsensuppe mit Fenchel 55
Raffiniertes Mandel-Kartoffel-Gericht 77
Raffiniertes Risotto mit Schafskäse 83
Reis
– Basmatireis in Grün 78
– Raffiniertes Risotto mit Schafskäse 83
– Reistarte mit würziger Gemüsefüllung 81
– Süßer Reis mit Pfirsichen 44
Rinderfilet, zartes 111
Rinderlende in würziger Biersauce 110
Roggenflocken, geröstete mit Walnüssen 46
Rosenkohl mit gerösteten Mandelblättchen 76
Rosinen-Mandel-Brötchen 120
Rote Bete
– Gemüsecarpaccio mit Schafskäse 73
– Fruchtige Rote-Bete-Suppe mit Meerrettich 48
Rot-violette Grütze 115
Rote Hibiskus-Birnen 114
Rotes Paprikagemüse mit Salbei 64
Rotkohl
– Herbstliches Rotkohlgemüse mit Maronen 70
– Hirse in Rotkohlröllchen 87

S

Selleriesuppe, würzig-erfrischende 55
Steckrüben
– Cremige Steckrübensuppe mit Brauwasser 58
– Goldgelbe Steckrüben mit Birnen-Butter-Sauce 75
Süßer Reis mit Pfirsichen 44
Scharfes Gemüsecurry mit Kartoffeln und Fenchel 70
Schwarzer Bohneneintopf mit Fenchel-Möhren-Gemüse 59
Schweinefilet mit Mandelsauce 111

Seezunge auf würzigem
  Staudenselleriegemüse 106
Sesamkartoffeln 71
Spaghetti mit Tomaten-Minz-Sauce 94
Spaghetti mit nussigem Grünspargel 95
Spargel
– Feine Spargelsuppe 54
– Spargel mit frischem Dill 76
Spinat
– Basmatireis in Grün 78
– Würzige Kichererbsen mit
  frischem Blattspinat 102
Staudensellerie
– Feine Kartoffelsuppe mit
  Staudensellerie 56
– Mildes Hirsegericht mit erfrischendem
  Staudensellerie 84
– Seezunge auf würzigem
  Staudenselleriegemüse 106

T

Tafelspitz mit Kartoffel- Meerrettich-
  Gemüse 110
Tofu
– Tofu-Austernpilz-Sauce mit Penne 96
– Tofuhaschee mit würziger Sauce 100
– Tofuwürfel, goldgelbe
  im Sesammantel 99
– Wintergemüseeintopf mit Spitzkohl
  und Räuchertofu 56
Tomaten
– Dinkelquiche mit erfrischenden Tomaten
  und Schafskäse 80
– Hirsetabbouleh 78
– Tomatensalat mit frischer Minze 63

V

Vitalisierende Gemüsebrühe 52

W

Wirsingeintopf, bunter mit
  Ziegenfrischkäse 58
Würzig-erfrischende Selleriesuppe 55
Würzige Kichererbsen mit
  frischem Blattspinat 102
Würziges Blumenkohlgemüse 68
Wintergemüseeintopf mit Spitzkohl
  und Räuchertofu 56

Z

Zanderhappen auf Frühlingszwiebeln 104
Zarter Kohlrabi mit frischem Dill 68
Zartes Rinderfilet 111
Zucchini
– Fettucine in Grün 94
– Polentakuchen mit
  Zucchinifüllung 88
– Zucchini-Kartoffel-Suppe
  mit frischem Rosmarin 50

Stichwortverzeichnis

A

Abendmahlzeit 12
Achtsamkeit 28
Ackerbohne 37
Amaranth 36
Anbraten 30
Anker 15
– Gefühlszustand 15
– negativ 15
– positiv 15
– Träger von Informationen 15
Anti-Baby-Pille 24
Ärger 29
Atmosphäre 14
– äußere Haltung 14
– innere Haltung 14
Augenbohnen 37
Azukibohnen 37

B

Berufsalltag 26
Bohnen 37
Brot 28

C

Convenience Food 13

D

Dankbarkeit 29
Denkmodelle 18
Dinkel 32

E

Einfachheit 26
Energiedampf 21
Energiemangel 22, 26
Erbsen 37
Erfahrungslehre 18
Essen
– Energie der Nahrung 15
– Verdauungsfeuer 14
Essenszeiten 11

F

Fünf-Elemente-Modell 19
Fünf-Wandlungsphasen-Modell 19
Favabohne 37
Feuchtigkeit 22, 24
Frühstück 12
Frieren 26
Frittieren 30

G

Garverfahren 30
Gekochtes 27
Gerste 33
Getreide 28, 31
Getreidekörner 32
Getreideprodukte 28
Gewürze 32
Ghee 41
Gluten 35
Grünkern 33
Grundveranlagung 23

H

Hülsenfrüchte 36
– einweichen 37
– keimen 37
– Verträglichkeit 37
Hafer 33
Hirsegewächse 33
Hormontherapie 24
Hunger 11
– Signalgeber 11
Hunger-Sättigungs-Gefühl 12
Hunger-Sättigungs-Rhythmus 11

J

Jahreszeit 30
Joghurt 28
Jojo-Effekt 26

K

Käse 28
– Schaf 28
– Trockengehalt 28
– Ziege 28
Kauen 28
Kerzenmodell 20
– Aktivität 20
– Flamme 20
– Substanz 20
Kidneybohnen 37
Kochen 13
– achtsame Sinneswahrnehmung 13
– fünf Elemente 40
– Gelassenheit 13
– kostbare Lebenszeit 13
– Reihenfolge 40
Kochtopfmodell 21
– Energie 21

L

Langkornreis 34
Lebensmittel, thermische Wirkung 21
Lebensmittel, pflanzliche 27
Leistungsfähigkeit 12
Liebe 29
Linsen 37

M

Müdigkeit 22
Mais 34
Marinieren 30
Medikamente 24
Milch 28
Milchprodukte 28
Mungbohnen 37

N

Nährungssystem 21
– Überlastung 22
– Diäten 23
Lebensalter 24
– Lebensstil 23
– Verdauungsbeschwerden 23
Nässe 22
Nahrung, gekochte 27
Nahrungsergänzungsmittel 24

O

Obst und Gemüse
– regional 26
– Saison 26

P

Pflanzliches 27
Postmenopause 24

Q

Quark 28
Quinoa 36

R

Regelmäßigkeit 26
Reis 34
Rhythmus 11, 26
Rispenhirse 33
Roggen 34
Rohkost 27, 31
Rundkornreis 34

S

Südfrüchte 26
Sinneskanal 14
Soja 36
Sojabohne 37
Sojamilch 36
Sport 24
Suppen 25

T

Thermik 31
Tiefkühlen 30–31
Tofu 36
Traditionelle Chinesische Medizin 10, 18
– klar, trüb 21
– Verdauung 21
Trinken 28

V

Verdauungsorgane 25
Verdauungssäfte 28
Vitalität 12
Vollkorngetreide 31
Vollkornreis 34

W

Weizen 35
Weizentee 36
Wertschätzung 29

Y

Yin-Yang-System 19

Z

Zubereitung 30

Saisonkalender Obst

Saison heimischer Lebensmittel
Lagerware heimischer Lebensmittel
Importware

Lebensmittel	JAN	FEB	MÄR	APR	MAI	JUN	JUL	AUG	SEP	OKT	NOV	DEZ
Ananas	Importware	Importware	Importware	Importware	Importware	Importware	Importware	Importware	Importware	Importware	Importware	Importware
Äpfel	Lagerware, Importware	Lagerware, Importware	Lagerware, Importware	Lagerware, Importware	Lagerware, Importware	Importware	Importware	AUG	SEP	OKT	NOV	Lagerware, Importware
Apfelbananen	Importware	Importware	Importware	Importware	Importware	Importware	Importware	Importware	Importware	Importware	Importware	Importware
Apfelsinen	Importware	Importware	Importware	Importware	Importware	Importware	Importware	Importware	Importware	Importware	Importware	Importware
Aprikosen	Importware	Importware			Importware	Importware	JUL	AUG	Importware	Importware	Importware	Importware
Bananen	Importware	Importware	Importware	Importware	Importware	Importware	Importware	Importware	Importware	Importware	Importware	Importware
Birnen	Lagerware, Importware	Importware	Importware	Importware	Importware	Importware	Importware	AUG	SEP	OKT	NOV	Lagerware, Importware
Brombeeren	Importware				Importware	Importware	JUL	AUG	SEP	Importware	Importware	Importware
Clementinen	Importware	Importware	Importware	Importware	Importware	Importware	Importware	Importware	Importware	Importware	Importware	Importware
Cranberries	Importware									Importware	Importware	Importware
Datteln								Importware	Importware	Importware		
Erdbeeren					MAI	JUN	JUL	Lagerware				
Granatäpfel									Importware	Importware	Importware	Importware
Grapefruits	Importware	Importware	Importware	Importware	Importware	Importware	Importware	Importware	Importware	Importware	Importware	Importware
Guaven	Importware	Importware	Importware	Importware	Importware	Importware	Importware	Importware	Importware	Importware	Importware	Importware
Heidelbeeren	Importware	Importware	Importware	Importware	Importware	Importware	JUL	AUG	Importware	Importware	Importware	Importware
Himbeeren	Importware	Importware	Importware	Importware	Importware	JUN	JUL	AUG	SEP	Importware	Importware	Importware
Holunderbeeren						Importware	Importware	Importware	SEP	OKT	Importware	
Honigmelonen	Importware	Importware	Importware	Importware	Importware	Importware	Importware	Importware	Importware	Importware	Importware	Importware
Johannisbeeren						JUN	JUL	AUG	Importware	Importware	Importware	Importware
Kapstachelbeeren (Physalis)	Importware	Importware	Importware	Importware	Importware	Importware	Importware	Importware	Importware	Importware	Importware	Importware
Khaki	Importware	Importware	Importware	Importware	Importware	Importware	Importware			Importware	Importware	Importware
Kirschen						JUN	JUL	AUG	Importware	Importware		
Kiwis	Importware	Importware	Importware	Importware	Importware	Importware	Importware	Importware	Importware	Importware	Importware	Importware
Kumquats	Importware	Importware	Importware	Importware	Importware	Importware	Importware	Importware	Importware	Importware	Importware	Importware
Limetten	Importware	Importware	Importware	Importware	Importware	Importware	Importware	Importware	Importware	Importware	Importware	Importware
Litchis	Importware	Importware	Importware	Importware	Importware	Importware	Importware	Importware	Importware	Importware	Importware	Importware

Saison heimischer Lebensmittel

Lagerware heimischer Lebensmittel

Importware

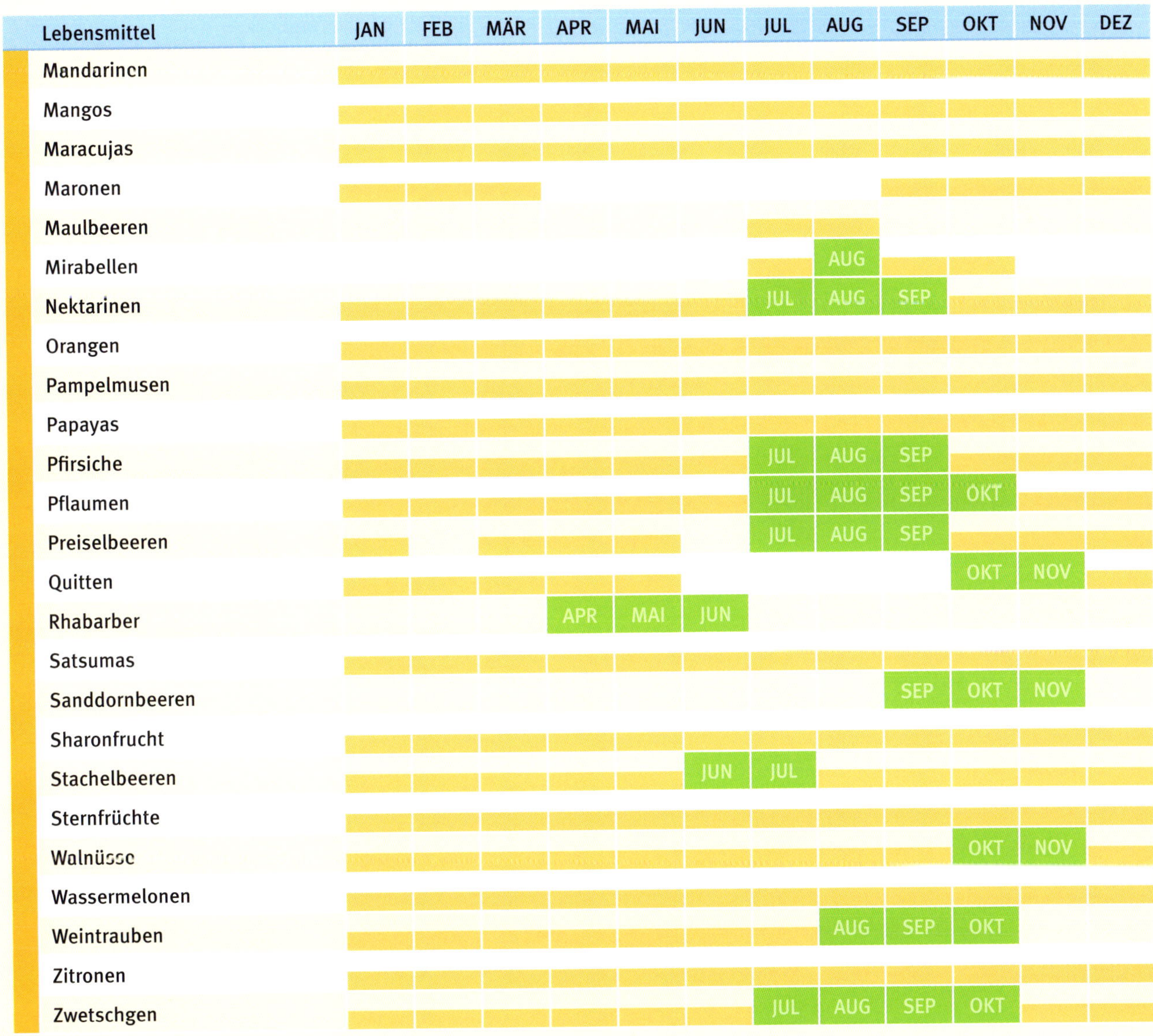

Saisonkalender Gemüse

Saison heimischer Lebensmittel — Lagerware heimischer Lebensmittel — Importware

Lebensmittel	JAN	FEB	MÄR	APR	MAI	JUN	JUL	AUG	SEP	OKT	NOV	DEZ
Auberginen						JUN	JUL	AUG	SEP			
Austernpilze	JAN	FEB	MÄR	APR	MAI	JUN	JUL	AUG	SEP	OKT	NOV	DEZ
Avocados												
Bärlauch			MÄR	APR	MAI							
Blumenkohl / Romanesco					MAI	JUN	JUL	AUG	SEP	OKT		
Brokkoli					MAI	JUN	JUL	AUG	SEP	OKT	NOV	
Champignons	JAN	FEB	MÄR	APR	MAI	JUN	JUL	AUG	SEP	OKT	NOV	DEZ
Chicorée	JAN	FEB	MÄR							OKT	NOV	DEZ
Chinakohl	JAN	FEB	MÄR	APR	MAI	JUN	JUL	AUG	SEP	OKT	NOV	DEZ
Dicke Bohnen												
Eichbergsalat / Eisbergsalat					MAI	JUN	JUL	AUG	SEP	OKT	NOV	
Endiviensalat					MAI	JUN	JUL	AUG	SEP			
Erbsen						JUN	JUL	AUG				
Feldsalat	JAN	FEB								OKT	NOV	DEZ
Fenchel						JUN	JUL	AUG	SEP	OKT		
Friseesalat							JUL	AUG	SEP	OKT	NOV	DEZ
Frühlingszwiebeln					MAI	JUN	JUL	AUG	SEP	OKT		
Grüne Bohnen					MAI	JUN	JUL	AUG	SEP	OKT		
Grünkohl	JAN	FEB									NOV	DEZ
Gurken						JUN	JUL	AUG	SEP	OKT		
Kartoffeln						JUN	JUL	AUG	SEP	OKT		
Knoblauch				APR	MAI	JUN						
Knollensellerie							JUL	AUG	SEP	OKT	NOV	
Kohlrabi					MAI	JUN	JUL	AUG	SEP	OKT	NOV	
Kopfsalat / Lollo rosso					MAI	JUN	JUL	AUG	SEP	OKT		
Kresse			MÄR	APR	MAI	JUN	JUL	AUG	SEP			
Kürbis									SEP	OKT	NOV	
Lauch	JAN	FEB	MÄR	APR							NOV	DEZ
Löwenzahn			MÄR	APR	MAI							
Mangold					MAI	JUN	JUL	AUG	SEP	OKT	NOV	DEZ

Saison heimischer Lebensmittel
Lagerware heimischer Lebensmittel
Importware

Lebensmittel	JAN	FEB	MÄR	APR	MAI	JUN	JUL	AUG	SEP	OKT	NOV	DEZ
Meerrettich									SEP	OKT	NOV	
Möhren						JUN	JUL	AUG	SEP	OKT		
Paksoi												
Paprika							JUL	AUG	SEP	OKT		
Pastinaken	JAN	FEB	MÄR						SEP	OKT	NOV	DEZ
Petersilienwurzel									SEP	OKT		
Pfifferlinge						JUN	JUL	AUG	SEP	OKT	NOV	
Radicchio							JUL	AUG	SEP	OKT		
Radieschen				APR	MAI	JUN	JUL	AUG	SEP	OKT		
Rettich					MAI	JUN	JUL	AUG	SEP	OKT	NOV	
Rosenkohl	JAN								SEP	OKT	NOV	DEZ
Rote Beete	JAN	FEB	MÄR	APR	MAI	JUN	JUL	AUG	SEP	OKT	NOV	DEZ
Rotkohl	JAN	FEB				JUN	JUL	AUG	SEP	OKT	NOV	DEZ
Rucola				APR	MAI	JUN	JUL	AUG	SEP	OKT	NOV	
Sauerampfer					MAI	JUN	JUL	AUG				
Schwarzwurzel										OKT	NOV	DEZ
Shiitake												
Spargel					MAI	JUN						
Spinat				APR	MAI	JUN	JUL	AUG	SEP	OKT	NOV	
Spitzkohl					MAI	JUN	JUL	AUG	SEP	OKT	NOV	
Stangensellerie						JUN	JUL	AUG	SEP	OKT	NOV	
Steckrüben										OKT	NOV	
Steinpilze						JUN	JUL	AUG	SEP	OKT		
Süßkartoffeln												
Teltower Rübchen										OKT	NOV	DEZ
Tomaten							JUL	AUG	SEP	OKT		
Topinambur	JAN	FEB	MÄR							OKT	NOV	DEZ
Weißkohl / Wirsing	JAN	FEB	MÄR	APR	MAI	JUN	JUL	AUG	SEP	OKT	NOV	DEZ
Zucchini						JUN	JUL	AUG	SEP	OKT		
Zwiebeln							JUL	AUG	SEP	OKT		

Bibliografische Information der Deutschen Nationalbibliothek
Die Deutsche Nationalbibliothek verzeichnet diese Publikation in der Deutschen Nationalbibliografie; detaillierte bibliografische Daten sind im Internet über http://dnb.d-nb.de abrufbar.

Programmplanung: Uta Spieldiener

Redaktion: Anja Fleischhauer

Umschlaggestaltung und Innenlayout:
Cyclus · Visuelle Kommunikation, Stuttgart

Bildredaktion: Anja Fleischhauer, Christoph Frick

Foodstyling: Christiane Wenzel

Bildnachweis:
Umschlagfoto und Bild S. 3: Meike Bergmann, Berlin
Fotos im Innenteil: Meike Bergmann, Berlin

Zeichnungen: Susanne Tischewski, Marburg: S. 22

3. Auflage 2020

Printed in Germany

Repro: Ziegler und Müller, Kirchentellinsfurt
Satz: Ziegler und Müller, Kirchentellinsfurt
gesetzt in: APP/3B2, Version 9.1 Unicode
Druck: AZ Druck und Datentechnik GmbH, Kempten

Gedruckt auf chlorfrei gebleichtem Papier

ISBN 978-3-432-11304-3 1 2 3 4 5 6
Auch erhältlich als E-Book:
eISBN (ePUB) 978-3-432-11305-0

Wichtiger Hinweis: Wie jede Wissenschaft ist die Medizin ständigen Entwicklungen unterworfen. Forschung und klinische Erfahrung erweitern unsere Erkenntnisse, insbesondere was Behandlung und medikamentöse Therapie anbelangt. Soweit in diesem Werk eine Dosierung oder eine Applikation erwähnt wird, darf der Leser zwar darauf vertrauen, dass Autoren, Herausgeber und Verlag große Sorgfalt darauf verwandt haben, dass diese Angabe dem **Wissensstand bei Fertigstellung des Werkes** entspricht.

Die Ratschläge und Empfehlungen dieses Buches wurden von Autor und Verlag nach bestem Wissen und Gewissen erarbeitet und sorgfältig geprüft. Dennoch kann eine Garantie nicht übernommen werden. Eine Haftung des Autors, des Verlages oder seiner Beauftragten für Personen-, Sach- oder Vermögensschäden ist ausgeschlossen.

Geschützte Warennamen (Marken) werden **nicht** besonders kenntlich gemacht. Aus dem Fehlen eines solchen Hinweises kann also nicht geschlossen werden, dass es sich um einen freien Warennamen handelt.

Datenschutz: Wo datenschutzrechtlich erforderlich, wurden die Namen und weitere Daten von Personen redaktionell verändert (Tarnnamen). Dies ist grundsätzlich der Fall bei Patienten, ihren Angehörigen und Freunden, z. T. auch bei weiteren Personen, die z. B. in die Behandlung von Patienten eingebunden sind.